Rolf H. Bay · Zielorientiert führen

Dr. rer. pol. Rolf H. Bay

Zielorientiert führen

Grundlagen des Zielmanagements

für Führungskräfte

Vogel Buchverlag

Dr. rer. pol. ROLF H. BAY
Jahrgang 1950, studierte zunächst an der FH Köln Betriebswirtschaftslehre mit den Schwerpunkten Absatz- und Personalwirtschaft; später dann an der Universität Köln Betriebswirtschaftslehre, Wirtschaftspädagogik und Wirtschafts- und Sozialpsychologie. Während seiner Zeit als wissenschaftlicher Mitarbeiter am Institut für Sozialpsychologie promovierte er 1980. Nach mehrjähriger Tätigkeit in einer Unternehmensberatung erfolgte 1986 die Gründung von PROFIL-TRAINING. Seine Arbeitsschwerpunkte sind Management-Trainings, Kommunikationspsychologie, Ausbildung von Trainern, Qualitätsmanagement und systemische Unternehmens- und Organisationsentwicklung.
Regelmäßige Veröffentlichungen in den aufgeführten Arbeitsbereichen begleiten seine praktische Arbeit.

Für Gitte, Stefanie und Carolin,
durch deren Geduld, Unterstützung
und Liebe
vieles in meinem Leben erst möglich wurde.

Die Deutsche Bibliothek – CIP-Einheitsaufnahme

Bay, Rolf H.:
Zielorientiert führen : Grundlagen des Zielmanagements für Führungskräfte / Rolf H. Bay. – 1. Aufl. –
Würzburg : Vogel 1994
ISBN 3-8023-1480-8

ISBN 3-8023-1480-8
1. Auflage. 1994
Printed in Germany
Copyright 1994 by Vogel Verlag und Druck KG, Würzburg
Umschlaggrafik: Michael M. Kappenstein, Frankfurt
Satz: Vogel Buchverlag, Würzburg
Druck und buchbinderische Verarbeitung:
Friedrich Pustet, Regensburg

Vorwort

«Nur wer das Ziel kennt, kann treffen», so lautet ein griechisches Sprichwort. Dieses Buch soll deshalb all jenen eine konkrete Hilfestellung geben, die als Führungskräfte ja immer in irgendeiner Form «Ziele» erreichen müssen.

Es ist ein Buch für Praktiker, und zwar für solche, die schon lange im Beruf sind und sich up to date halten wollen; auch für jene, die gerade in eine Führungsposition gekommen sind oder sie anstreben. Den Erfahrungshintergrund bildet die Arbeit mit mehr als 2000 Führungskräften verschiedenster Unternehmen und Branchen. Der Autor weiß, daß Führungskräfte meist wenig Zeit haben, gleichzeitig aber oft viel kostbare Zeit vertan wird, weil es an zielorientierter Führung mangelt.

Wie im ersten Kapitel gezeigt wird, ist Zielmanagement ein das ganze Unternehmen umfassendes System mit unterschiedlichen Handlungsanforderungen auf verschiedenen Führungsebenen. Aus dieser Systembetrachtung heraus ergeben sich für die einzelne Führungskraft drei typische Anforderungsfelder, in denen zielorientiertes Denken und Handeln gefragt ist. Zunächst muß die Führungskraft sich selbst zielorientiert führen können; dasselbe trifft dann für die Mitarbeiter zu. Und immer häufiger gilt es, Teams oder Arbeitsgruppen zielsicher zu führen.

Nur wer sich selbst richtig führt, kann auch andere zu brauchbaren Ergebnissen führen. In der Praxis wird der Zielbegriff oft unscharf verwandt, Zielvorstellungen sind schwammig und unpräzise, und so sieht dann meistens auch das Handlungsergebnis aus. Zielorientiertes Arbeiten ist methodisches Arbeiten! Im zweiten Kapitel wird deshalb das erforderliche «methodische Instrumentarium» anhand konkreter Beispiele vermittelt.

Im Umgang mit anderen kommt man immer nur soweit, wie man mit sich selbst gekommen ist. Wer sich deshalb selbst schon richtig führt, bekommt im dritten Kapitel viele interessante Anregungen, wie zielorientiertes Führen von Mitarbeitern zu gestalten ist. Dabei geht es ebenso um methodische Aspekte wie um das konkrete Gespräch mit Mitarbeitern.

Führung von Mitarbeitern ist dauerhaft nur im Dialog sinnvoll. Das bedeutet, daß Führungskräfte Zielvereinbarungs- und Zielbeurteilungsgespräche sicher beherrschen müssen. Kapitel drei enthält das dazu notwendige, praxiserprobte Wissen.

Immer häufiger müssen Führungskräfte in Gruppen schnell zu brauchbaren Ergebnissen kommen. Dabei versagen üblicherweise die Techniken der Dialogsteuerung. Gruppensituationen haben ihre eigene Psychodynamik, folglich benötigt man methodische Steuerungsmittel, die auf die Gruppe abgestimmt sind.

Wie leitet man Ziel-Workshops erfolgreich? Wie bereitet man Besprechungen richtig vor und führt sie zielökonomisch durch? Antworten darauf erhalten Sie im vierten Kapitel.

Zentrale Bedeutung hat in den letzten Jahren das Controlling in allen Unternehmensbereichen gewonnen. Controlling setzt auf dem Führen mit Zielen auf. Welche für die Führungsarbeit wichtigen Wechselwirkungen zwischen diesen beiden Bereichen bestehen, erfahren Sie im fünften Kapitel.

Nichts geht von allein, es sei denn, bergab! Und gerade das soll Ihnen ja nicht passieren. Die vielen Checklisten, Gesprächsleitfäden, Formulare und Flußdiagramme sollen Ihnen dabei helfen, daß der Lohn Ihrer Anstrengungen im Erreichen von Zielen liegt.

Mein Dank gilt all jenen Führungskräften, die in den vergangenen Jahren in meinen Seminaren und Workshops durch anregende Diskussionen und die Bereitstellung ihrer Fallbeispiele dazu beigetragen haben, daß dieses Buch entstehen konnte.

Wiehl   Dr. Rolf H. Bay

Inhaltsverzeichnis

Kapitel 1

ZIELMANAGEMENT ALS UNTERNEHMERISCHE KERNAUFGABE

Warum Zielmanagement so wichtig ist

Ein griechisches Sprichwort lautet: «Nur wer das Ziel kennt, kann treffen». Und was in dieser scheinbar sprichwörtlichen Binsenweisheit zum Ausdruck kommt, spiegelt sich im Alltag von Unternehmen, Führungskräften und Mitarbeitern wider. Wenn auf allen Ebenen des Unternehmens «Zielklarheit» besteht, wenn alle Beteiligten wissen, worauf sie ihre Handlungsenergie ausrichten sollen und weshalb das auch sinnvoll ist, erst dann ist ein «Treffer» möglich. Die «Trefferquote» eines Unternehmens zeigt sich dabei z.B.: in der Anzahl der Produktinnovationen, Höhe des Qualitätsstandards, Gewinnmarge, Marktanteilsentwicklung, Leistungspotential der Mitarbeiter, usw.

Wo dagegen die Ziele verschwommen, unklar, nebulös sind, kommt es auf allen Ebenen des Unternehmens zu einem rasanten Anstieg des Such- und Orientierungsverhaltens. Statt zu handeln wird konferiert, denn es geht vorrangig darum, das Sicherheitsnetz zu knüpfen, das Handlungen auffängt.

Wenn Menschen keine Ziele haben, ist ihnen jeder Weg zu weit. Wozu sollten sie sich auch in Bewegung setzen? Handlungsmotivation setzt eben Zielmotivation voraus. Es ist immer wieder erstaunlich, festzustellen, auf welch' oberflächlichem Niveau die Zielthematik in vielen Unternehmen abgehandelt wird. Da gibt es einmal die im stillen Kämmerlein ausgedachten und beschlossenen

Ziele einzelner Akteure oder engster Führungszirkel, die nach der Strategie des Bombenwurfs in die bestehende Organisation geworfen werden [1]. Die so «Getroffenen» sollen natürlich auch gleichzeitig diejenigen sein, die sich unversehrt und mit positiver Grundeinstellung auf das neue Ziel zubewegen.

Zitat eines Getroffenen: «Bei uns wird nach der Devise geführt: Was kümmert uns unser Beschluß von gestern!»

Vielfach herrscht auch die Situation vor, daß gar keine Ziele dokumentiert sind. KIRSCH nimmt an, daß von den größeren Industrieunternehmen allenfalls 15% schriftlich formulierte Ziele besitzen [2]. Der Grund für das Fehlen schriftlich formulierter und kommunizierter Ziele liegt nicht so sehr im Können als vielmehr im Wollen. Wie sagte doch der Verkaufschef eines renommierten Markenartikelherstellers: «Ein bißchen Unklarheit ist immer ganz nützlich.» Die Frage ist hier nur für wen? Die Mitarbeiter sehen das vermutlich ganz anders, wie folgende Aussage belegt: «Wir wissen eigentlich gar nicht so genau, was wir für wen machen.»

Schließlich findet man sehr häufig die Gleichsetzung von Zielfindung und Budgeterstellung. Das jährliche Planungsritual wird mit Zielmanagement verwechselt. Diese Verwechslung ist nicht zufällig. Das Umgehen mit Budgets auf der instrumentellen Führungsebene ist gewohnheitsmäßig gelernt, während die Zielfindungsprozedur weitgehend ungewohnt ist. Hierzu müßte man sich öffnen, das Visier herunterlassen, Bedenken und Hoffnung artikulieren, Unsicherheiten eingestehen und Anspruchsniveaus definieren, persönliche Zielvorstellungen äußern, die möglicherweise ja im Widerspruch zu Organisationszielen stehen.

Wo findet man eine solche Kultur? Wo sind die Führungskräfte, die das Format haben, in einen Prozeß der offenen, politischen Zieldiskussion einzutreten? Da ist es viel einfacher zu sagen: «Wir haben für diese Geschäftsstelle nach den aktuellen Januarzahlen den Jahresbudgetansatz gleich mal nach unten korrigiert, weil die wahrscheinlich ja doch wieder weit unter Plan einlaufen werden.» (Zitat eines Topmanagers)

Das ist kein Zielmanagement, sondern inszenierter «Maskenball». Nicht der Budgetansatz ist falsch, sondern die Zielformulierung ist ungenügend. Ständige Planrevisionen sagen im Regelfall mehr über die Qualität der Zielgenerierung aus als über die Qualität der Planung.

Vieles, was wir in Unternehmen antreffen, ist als Ergebnis von Improvisationen entstanden, an die man sich im Zeitlablauf gewöhnt hat. Man lebt und arbeitet in den Ruinen der Gewohnheiten. Aber welches Unternehmen, welche Führungskraft kann sich das heute – und vor allem zukünftig – noch leisten? Müßten wir nicht vielmehr den gewollten, geplanten Wandel des Unternehmens herbeiführen und nicht den zufälligen oder den unter großen wirtschaftlichen Einbußen vom Markt aufgezwungenen? Lernen Unternehmen und Führungskräfte lieber durch Schmerzen statt durch Einsicht? Wer den gewollten, geplanten Wandel des Unternehmens befürwortet, kommt an aktivem Zielmanagement auf allen Führungsebenen nicht vorbei.

Wir verstehen unter aktivem Zielmanagement ein sinn- und strategieorientiertes Denken, Kommunizieren und Handeln. Damit wird dann auch ein Aspekt der Führungstätigkeit wieder neu gewichtet, der in der operativen Hektik des Führungsalltags laufend zu kurz kommt, denn Zielmanagement erfüllt die Bedürfnisse des Menschen nach Sinn, Struktur und Orientierung. Aktives Zielmanagement akzentuiert sich in der

☐ Sinnkomponente, weil Menschen wissen wollen, wozu sie etwas tun,

☐ Struktur- und Orientierungskomponente, weil Menschen wissen wollen, wohin es geht,

☐ Motivationskomponente, weil Menschen wissen wollen, warum sie sich engagieren sollen,

☐ Leistungskomponente, weil Menschen wissen wollen, was von ihnen erwartet wird und wofür sie Belohnungen bekommen und erwarten können.

Zielmanagement unterscheidet sich deutlich von der klassischen Führung durch Zielvorgabe (MbO = Management by Objectives) [3], weil «Führung» sich jetzt vom eindimensionalen Zieldiktat zum mehrdimensionalen Prozeß des Richtunggebens entwickelt. So gesehen versteht sich Führung als das Gestalten, Steuern und Entwickeln eines Systems.

Führung in den neunziger Jahren ist gleichzusetzen mit dem Managen immer komplexer werdender Prozesse. Das schließt sicherlich auch ein Abschiednehmen von der Vorstellung total beherrschbarer Abläufe mit ein. Unternehmen sind heute «evolvierende Systeme, deren Entwicklung nur begrenzt unter Kontrolle gebracht werden kann». [4] Um so wichtiger ist es, aktives Zielmanagement als dynamischen Vorgang auf allen Zielebenen des Unternehmens zu begreifen und zu praktizieren.

Wenn wir heute – berechtigterweise – von der Notwendigkeit des «Total Quality Management» reden [5, 6], so plädieren wir entschieden für die Steigerung der «Total Management Quality».

Die Zielpyramide des Unternehmens

Die Zielpyramide des Unternehmens besteht aus mehreren Zielebenen, von denen Steuerungs- und Entwicklungsimpulse unterschiedlicher Qualität ausgehen. Zunächst finden wir auf der ersten und zweiten Zielebene Impulse, die das Leitbild und die längerfristige Strategie betreffen. Auf den dann folgenden Ebenen drei und vier sind der Dreijahreszielplan sowie die Jahresziele abgebildet.

Während das Leitbild und die längerfristige Unternehmensstrategie qualitativer Art sind und Richtungs- und Orientierungsziele darstellen, repräsentieren der Dreijahreszielplan und die Jahresziele quantitative Größen, also die operative Unternehmensplanung. Anhand welcher Kriterien sich die verschiedenen Zielebenen unterscheiden, ist in Tabelle 1.1 dargestellt.

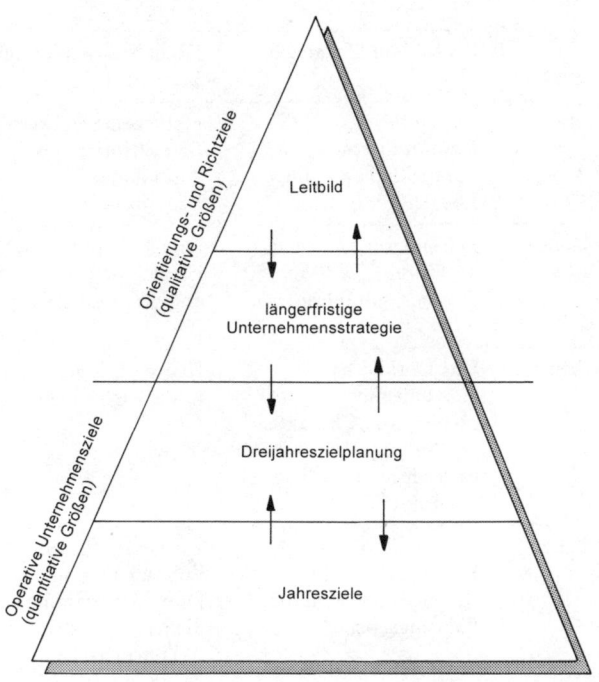

Bild 1.1　Die Zielpyramide des Unternehmens

Wie Bild 1.1 zeigt, besteht zwischen den Zielebenen ein Zusammenhang. Man kann die Strategie nicht losgelöst vom Leitbild sehen, und der Dreijahreszielplan ist die logische operative Umsetzung der Strategieziele. Ebenso findet sich in den Jahreszielen die operative Realisierung des Dreijahreszielplans wieder, und zwar mit dem jeweiligen Jahreszielsegment.

Orientierungs- und Richtziele

Im Sinne eines aktiven Zielmanagements kommt den Führungskräften auf allen Ebenen der Pyramide eine vielschichtige Gestaltungsfunktion zu.

Diese beginnt zunächst einmal damit, für das Unternehmen ein Leitbild zu entwickeln. In einem solchen Leitbild soll das sichtbar

	Leitbild und Strategie	Dreijahreszielplan und Jahresziele
Reichweite	Gelten für das Gesamtunternehmen durchgängig auf allen Ebenen.	Haben eine stärkere Bereichsorientierung. Ausnahme: Durchbruchziele
Zeithorizont	Leitbild gilt meist für 10 Jahre. Strategie gilt meist für 5 bis 7 Jahre.	Dreijahresplan bzw. jährlich neu zu entwickelnde Ziele.
Konkretheit	Das Leitbild hat ausschließlich qualitativen Charakter. Die Strategie hat deutlich überwiegend qualitativen Charakter.	Klar definierte, quantitative Zielgrößen.
Zuständigkeit der Führungsebenen	Zuständig für die Entwicklung sind die Manager der 1. und 2. Führungsebene.	Zuständig für die Entwicklung der Dreijahresplanung sind die Manager der 1. und 2. Führungsebene. Zuständig für die Jahresziele sind alle Führungskräfte nach dem Kaskadenprinzip auf allen Führungsebenen.

Tabelle 1.1
Differenzierungsmerkmale verschiedener Zielebenen in der Zielpyramide

gelebte und/oder angestrebte Wertesystem eines Unternehmens zum Ausdruck kommen.

Üblicherweise besteht ein Unternehmensleitbild aus mehreren Leitbildsätzen, in denen formuliert wird, welche Verhaltens- und Handlungsorientierung in dem Wertebereich angestrebt wird. In Tabelle 1.2 finden Sie Beispiele für Leitbildsätze, die gemeinsam mit leitenden Managern verschiedener Unternehmen in Leitbild-Workshops erarbeitet wurden.

Leitbild-Wertebereich	Leitbildsätze (Beispiele aus verschiedenen deutschen Unternehmen)
Kunde/Markt	1. Hohe Kundenorientierung bestimmt unser Handeln. 2. Wir wollen zuverlässiger Partner unserer Kunden sein. 3. Im Mittelpunkt unserer Tätigkeit steht der Verbraucher. 4. Unsere Kunden erleben uns als progressives und innovatives Unternehmen.
Gesellschaft/Umwelt	1. Unser Handeln orientiert sich an der Verantwortung gegenüber Umwelt und Gesellschaft. 2. Wir sind ein Markenartikelunternehmen, das umweltverträgliche, gesunde Produkte von höchster Qualität herstellt. 3. Durch unsere zukunftsorientierte Dienstleistung stiften wir gesellschaftlichen Nutzen.
Mitarbeiter	1. Unternehmerisches Denken bestimmt das Handeln aller Mitarbeiter. 2. Qualifizierte und motivierte Mitarbeiter sind das Potential unseres Unternehmens. 3. Wir leben einen kooperativen Führungsstil. 4. Engagierte und erfolgreiche Mitarbeiter fördern wir. Bei uns lohnt sich Leistung.

Tabelle 1.2   Beispiele für Leitbildsätze in den 3 typischen Wertebereichen eines Unternehmensleitbildes

Nun sind derartige Werteaussagen naturgemäß abstrakt formuliert. Das ist beabsichtigt, denn sie sollen als generelle Imperative die Richtung angeben. Es liegt in der Natur abstrakter Formulierungen, daß sie mehrere Deutungen zulassen. Und genau hier greift die Kritik, «daß die vorhandenen Leitbilder meist sehr allgemein bleiben und so hohe Anforderungen an die verschiedenen Adressatengruppen stellen, daß ihre Glaubwürdigkeit und ihre tatsächliche Orientierungsfunktion für das operative Handeln bezweifelt werden müßten.» [7]

Dieser Kritik ist insofern zuzustimmen, als die Realität vieler Unternehmen so aussieht, daß das Unternehmensleitbild abgehoben von der Realität existiert. Oder es wird als «Sonntagsanzug» vorgezeigt, denn man hat heutzutage ein Unternehmensleitbild. In einem Leitbild stehen ja quasi die «Glaubenssätze des Unternehmens». Und die Mitarbeiter prüfen diese anhand einer ganz einfachen Regel, die da lautet: «Glaube muß glaubhaft sein!»

Besteht nun zwischen den im Leitbild postulierten Soll-Werten und den tatsächlich gelebten Ist-Werten kein oder nur ein geringfügiger Zusammenhang, lehnen Mitarbeiter solche Leitbilder ab. Das Ablehnen nimmt dabei die verschiedensten Formen an, von der Karikatur bis zum Abhängen oder Überhängen des auf teurem Papier gedruckten und gerahmten Unternehmensleitbildes.

Für die Glaubwürdigkeit und Lebensfähigkeit eines Leitbildes sind drei Faktoren wichtig:

☐ der Entstehungsprozeß,
☐ der Introduktions- und Kommunikationsprozeß,
☐ der Begründungsprozeß im operativen Alltag.

Ob ein Unternehmensleitbild angenommen wird oder nicht, entscheidet bereits maßgeblich der Entstehungsprozeß mit. Wir empfehlen aus reichhaltiger Erfahrung die unbedingte Einbeziehung der beiden ersten Managementebenen. Das sind entweder die Geschäftsführer oder Vorstände und die Direktoren oder Bereichsleiter.

Nur wenn in einem solchen Gremium von meist 8 bis 14 Personen ein Wertekonsens erreicht wird, hat das Leitbild überhaupt eine Annahme- und Prägungschance auf den nachfolgenden Ebenen. Ein erfahrener Berater ist hinzuzuziehen, was aber keinesfalls darin münden darf, daß er dem Unternehmen ein Leitbild «verpaßt». Im Leitbild sollte sich die Sprache der leitenden Manager wiederfinden und nicht eine «Etiketten-Sprache» irgendeines Beraters, die die Mitarbeiter nicht verstehen und folglich auch nicht annehmen können [8].

Ein weiterer bedeutsamer Faktor für die Glaubwürdigkeit eines Leitbildes ist der Prozeß der Leitbild-Introduktion und -Kommunikation. In der Praxis findet man drei Gestaltungsformen dieses Prozesses:

1. Verteilung von Hochglanzbroschüren mit einem Schreiben der Geschäftsleitung an alle Mitarbeiter;
2. Take-off-Veranstaltung mit allen Mitarbeitern. Grundsatzrede der Geschäftsleitung und Aushändigung der Leitbild-Broschüre an die Mitarbeiter;
3. Take-off-Veranstaltung mit allen Mitarbeitern. Grundsatzrede der Geschäftsleitung. Dann folgen bereichs- und abteilungsbezogene etwa dreistündige Leitbild-Workshops, in denen die Führungskräfte mit ihren Mitarbeitern den Sinn des Leitbildes und dessen gewünschte Wirkung auf das tägliche Zusammenleben nochmals intensiv darstellen und diskutieren. Anschließend erhalten die Mitarbeiter die Leitbild-Broschüre.

Wir sehen ausschließlich in der dritten Variante eine einem modernen Unternehmen gemäße Form der Leitbild-Introduktion und -Kommunikation.

Was hält aber nun die Leitbild-Funktion im Alltag der Mitarbeiter aufrecht? Hier ist es unseres Erachtens nach von eminenter Bedeutung, daß ein Begründungszusammenhang zwischen Handlungszielen im Alltag und Leitbild hergestellt wird. Die qualitative Orientierung des Leitbildes soll sich auch in der quantitativen Orientierung der Handlungsziele wiederfinden. Dazu ist von den Führungskräften eine «Übersetzungsarbeit» zu leisten, die heute nur in ganz seltenen Fällen wahrgenommen wird.

Wenn für eine Führungskraft das operative Ziel lautet: Durchführung von Zielsetzungs- und Beurteilungsgesprächen mit allen Mitarbeitern im ersten Quartal des Jahres, dann sollte dies in den Begründungszusammenhang zum Leitbildsatz gebracht werden, der da heißt: «Qualifizierte und motivierte Mitarbeiter sind das Potential unseres Unternehmens.»

Worte sind die Währung der Gedanken. Und in den Worten der Führungskräfte sollte sich im Alltag etwas von der «Währung des Leitbildes» wiederfinden lassen. Das wäre eine wichtige Voraussetzung für ein gelebtes Wertesystem.

Phasen der Leitbild-Verankerung	Wesentliche Elemente der Prozeßstufe
1. Entstehungsprozeß	Geschäftsführer und Bereichsleiter erarbeiten im Team das Leitbild. Hilfe eines erfahrenen Beraters ist sinnvoll. Aber: Sprache der Manager muß erhalten bleiben – kein Werbetext!
2. Introduktions- und Kommunikations-prozeß	Take-off-Veranstaltung mit Grundsatzrede der Geschäftsleitung. Bereichs- und abteilungsbezogene dreistündige Leitbild-Workshops mit Führungskräften und Mitarbeitern. Diskussion des Leitbildes im Hinblick auf die gewollte Lebenswelt. Ausgabe der Leitbild-Broschüre an die Mitarbeiter.
3. Begründungsprozeß im operativen Alltag	Führungskräfte «übersetzen» ständig Leitbildsätze im operativen Geschäft. Begründungszusammenhang zwischen qualitativem Leitbildsatz und quantitativem Handlungsziel herbeiführen.

Tabelle 1.3
Phasen einer glaubwürdigen Unternehmensleitbild-Verankerung

Zur besseren Veranschaulichung fassen wir den wünschenswerten Prozeß einer Unternehmensleitbild-Verankerung noch einmal zusammen (Tabelle 1.3).

Betrachten wir nun die 2. Ebene der Zielpyramide, bei der es um die längerfristige Unternehmensstrategie geht.

Wir wollen uns diesem Aspekt des Zielmanagements nur insofern widmen, als eine Betrachtung im Gesamtkontext der Zielpyramide dies erforderlich macht, insbesondere auch im Hinblick auf die Abgrenzung zu den nachfolgenden quantitativen Zielebenen 3 und 4.

Wer sich für strategische Fragen näher interessiert, findet in der Literatur entsprechende Darstellungen [9, 10, 11].

Damit wir ein Verständnis des Begriffs «Strategie» bekommen, legen wir folgende Definition zugrunde:

Strategie-bereich	Formulierung des strategischen Ziels (Beispiele aus verschiedenen Unternehmen)
Wachstum	Unsere Hauptwachstumsquelle ist der Dienstleistungsbereich. Hier wollen wir doppelt so schnell wachsen wie der Markt. Das Neukundenwachstum pro Jahr soll 20% betragen.
Qualität	Aufbau und stetige Optimierung eines prozeßorientierten Qualitätssicherungssystems sichern unsere Wettbewerbsfähigkeit.
Rendite	Wir realisieren eine Netto-Umsatzrendite von 5%.
Kunde	Laufende Ausrichtung und Veränderung der betrieblichen Gesamtorganisation auf konsequente Kundenorientierung.
Produkte	Innovative Dienstleistungen werden gezielt gefördert.
Markt	Erreichen der Marktführerschaft bei Kleinunternehmen in ausgewählten Geschäftsfeldern. Zur Sicherung unserer Wettbewerbsfähigkeit bilden wir strategische Allianzen auf dem europäischen Markt.
Gesellschaft	Aufbau und ständige Entwicklung einer zielgerichteten Kommunikation des Unternehmens mit der Öffentlichkeit zur Darstellung des gesellschaftlichen Nutzens und zur Interessenvertretung.
Mitarbeiter	Die langfristige Qualifikation unserer Mitarbeiter wird durch ein umfassendes Personalentwicklungssystem sichergestellt.

Tabelle 1.4 Beispiele für strategische Ziele

Die Strategie gibt an und macht klar, in welchen Bereichen die Unternehmung aus welchen Gründen tätig sein, sich auszeichnen und einen Beitrag zur gesellschaftlichen Entwicklung leisten will; sie ist mehr als die Angabe der Produkte und/oder Dienstleistung, die sie hervorbringen bzw. bereitstellen will, und der Märkte, in denen sie operieren will. Die Strategie drückt aus, was die Unternehmung für die Umweltgruppen – Abnehmer, Arbeitnehmer, Lieferanten, Kapitalgeber und Gesellschaft –, mit denen sie kooperiert, sein will, mit welchen Technologien sie die Ressourcen, die sie erhält, in

19

nützliche Outputs umwandeln will, welche Fähigkeit sie entwickeln muß, um dauerhafte Wettbewerbsvorteile zu schaffen und Synergieeffekte zu nutzen, wie die Ressourcen zugeteilt werden und mit welchen Kriterien und Standards die Bewegung der Unternehmung in die gewünschte Richtung gemessen wird. [12]

Soweit die Definition. Im Alltag der Unternehmen liest sich das dann, in strategischen Zielen formuliert, wie Tabelle 1.4 zeigt. Die längerfristigen strategischen Ziele sind mehrheitlich qualitativ formuliert. In ihnen kommt zum Ausdruck, in welchen Strategiebereichen das Unternehmen sich wohin entwickeln will. Diese Zielformulierungen sind schon etwas präziser gefaßt als die Leitbildsätze. Sie stellen eine Veranschaulichung des Leitbildes auf einem noch abstrakt gehaltenen Handlungsniveau dar. Dennoch ist ein Begründungszusammenhang zwischen erster und zweiter Ebene deutlich erkennbar, wie Tabelle 1.5 zeigt.

In der Zielpyramide (vgl. Bild 1.1) ist zwischen der zweiten und dritten Ebene ein Trennungsstrich gezogen. Damit soll ausgedrückt werden, daß im Übergang von den strategischen Zielen zur

Leitbildsatz	Strategischer Zielsatz
Wir sind ein Markenartikelunternehmen, das umweltverträgliche, gesunde Produkte von höchster Qualität herstellt.	Aufbau und stetige Optimierung eines prozeßorientierten Qualitätssicherungssystems sichern unsere Wettbewerbsfähigkeit.
Unsere Kunden erleben uns als progressives und innovatives Unternehmen.	Innovative Dienstleistungen werden gezielt gefördert.
Qualifizierte und motivierte Mitarbeiter sind das Potential unseres Unternehmens.	Die langfristige Qualifikation unserer Mitarbeiter wird durch ein umfassendes Personalentwicklungssystem sichergestellt.

Tabelle 1.5 Begründungszusammenhang zwischen Leitbildsätzen und strategischen Zielsätzen

Dimension / Zielebene	Unternehmensstrategie	operative Unternehmensziele
Zeit	langfristig	kurz- und mittelfristig
Konkretheit	generelle, abstrakte Zielformulierung	detaillierte, spezifische Zielformulierung
Darstellung	verbal	Zahlen
Entscheidungsprozeß	Top-down-Ansatz	«Bottom-up»- und «Top-down»-Ansatz
Flexibilität	schwer korrigierbar	kurzfristig korrigierbar
System	offenes System, das interpretierbar ist	geschlossenes System
Ausführende	interdisziplinär durch leitende Manager der 1. und 2. Ebene	Linienmanagement (funktionsbezogen)
Zweck	Absicherung des Unternehmens gegenüber strategischen Überraschungen	Optimierung von Zielgrößen

Tabelle 1.6
Unterschiede zwischen Unternehmensstrategie und operativen
Unternehmenszielen

Dreijahresplanung eine elementare Veränderung eintritt, weil aus den qualitativen Strategiezielen jetzt operative Handlungsziele abgeleitet werden müssen.

Nachdem mit dem Leitbild und der Strategie die Sinn-, Orientierungs- und Richtungskomponente abgehandelt worden ist, gilt es jetzt, die Leistungs- und Motivationskomponente zu artikulieren. Es ist in konkret meßbaren Größen zu formulieren, was auf allen Ebenen des Unternehmens erreicht werden muß. Aus vorhandenem Material (Strategie) ist etwas Konkretes zu gestalten (operative Ziele). Strategische Ziele und operative Unternehmensziele unterscheiden sich dabei in den in Tabelle 1.6 dargestellten Dimensionen.

Stellen wir uns doch einmal die Frage, was passieren würde, wenn zwischen strategischen Zielen und Jahreszielen keine «Synchronisationsebene» in Form der Dreijahreszielplanung zwischengeschaltet wäre. Dann würde es mit Sicherheit so aussehen, daß aus dem Topf der qualitativen strategischen Ziele beliebig viele operationale Zielableitungen möglich wären, denn das doch relativ abstrakte strategische Ziel ermöglicht eine Vielfalt operativer Zielkonkretisierungen.

Fragen wir weiterhin, wonach denn diese operative Zielkonkretisierung erfolgt, so werden wir auf eine Vielzahl von Motiven bei jeder einzelnen Führungskraft stoßen. Da spielen auch ganz persönliche Motive eine nicht zu unterschätzende Rolle.

Und wonach soll entschieden werden, welches der operativen Ziele nun zu verfolgen ist? Nach dem taktischen Geschick des Betroffenen, nach der Durchsetzungskraft, nach der Lautstärke in der Zieldiskussion oder etwa doch nach dem, was das Unternehmen zu einem profitablen Ganzen macht?

Wir stellen diese Fragen ganz bewußt etwas provokativ, weil eine große Anzahl von Führungskräften eben nicht über den Tellerrand der Jahresziele hinausschaut. Bei ihnen spielt sich Unternehmensentwicklung als iterativer Prozeß ab, in dem Einzeleingebung an Einzeleingebung gereiht wird in der Hoffnung, dadurch eine strategische Linie zu finden.

Das «direkte Ziehen» der Jahresziele aus dem «Strategiezieltopf» führt meist zu erheblicher Irritation auf allen Führungsebenen. Man weiß nicht mehr so genau, welches Ziel gerade gilt bzw. was an neuen Zielen im Laufe eines Jahres in die Organisation «gekippt» wird. (Wir meinen damit nicht die notwendigen taktischen Änderungen, die begründbar sind.)

Wer also einen geplanten Wandel des Unternehmens herbeiführen will, muß die mittelfristige Perspektive der Dreijahreszielplanung einführen.

Eine solche Dreijahreszielplanung ist dabei weit mehr als die bloße Budget-Hochrechnung der laufenden Jahreszahlen auf 3 Jahre. Die Hauptzielrichtung kommt von den Strategiezielen. Letztlich läßt sich eine längerfristige strategische Ziel-Zeitlinie nur über entsprechend portionierte Dreijahreszielplanungen abstecken. Insofern trifft das Management hier eine außerordentlich wichtige Entscheidung über den «Lebensplan eines Unternehmens».

Strategische Ziele kommen eben nicht von alleine zum Laufen, dazu bedarf es eines entsprechenden Startschusses und des möglichst genauen Absteckens der Strecke. Darüber hinaus ist in diesem operativen Zielmanagement-Prozeß auch zu definieren, welche Durchbruchziele in 3 Jahren geschafft werden müssen, um das (Über-)Leben des Unternehmens sicherzustellen.

Die Verdichtung auf unbedingt zu schaffende Durchbruchziele ist ein Vorgang, bei dem einerseits Licht ins Dickicht der Ziele kommt, andererseits aber auch eine Fokussierung von Energie erfolgt, die notwendig ist, um wesentliche Ziele zu erreichen. Es gilt hier das Laserstrahlprinzip (Energiebündelung) statt des Gießkannenprinzips (breite Energiestreuung).

Die Verdichtung auf Durchbruchziele ist in erster Linie Aufgabe der ersten und zweiten Führungsebene und hat logischerweise prägende Auswirkung auf die Jahreszielfindung. Ein Dilemma vieler Unternehmen ist, daß viele Manager mit erhöhtem Tempo in unterschiedliche Richtungen laufen. Die Besinnung auf das Wesentliche kommt aber nicht im Alltagsgeschäft, sondern ist Ergebnis entsprechender Vordenkarbeit.

In diesem Sinne ist die Jahreszielfindung ein Prozeß, der richtungsweisend von der Dreijahreszielplanung beeinflußt wird. Auf der Basis der Ist-Zahlen des laufenden Jahres und des Dreijahreszielniveaus wird eine Festlegung für das jeweils neue Jahr erfolgen.

Jeder erfüllte Einzeljahreszielplan ist ein Zielbeitrag zur Erreichung des Dreijahreszielplans. Und da das Ganze als rollierendes

System angelegt ist, ergibt sich eine Reihe von ineinandergreifenden Controlling-Kreisen: Werden auf Dauer die Jahresziele erreicht, ist der Dreijahreszielplan realisiert und somit eine Strecke auf der strategischen Ziel-Zeitlinie bewältigt. Damit ist dann immer auch eine Werterealisierung des Leitbildes geschafft worden.

Das operative Zielmanagement-Modell

Unternehmen leben im Rhythmus jahresbezogener Erfolgsbetrachtungen, und es ist üblich, etwa zum Ende des dritten Quartals des laufenden Jahres in Zielüberlegungen für das nächste Jahr einzutreten. Dabei geht es zunächst einmal darum, die relevanten Unternehmensziele zu definieren.

Im Regelfall hat die Geschäftsleitung bzw. der Vorstand eine Vorstellung über einen Zielkorridor, in dem man sich im Folgejahr befinden möchte. Dieser Zielkorridor wird einerseits durch die strategische Ziel-Zeitlinie und die Dreijahreszielplanung, andererseits durch die aktuellen Zielwerte des laufenden Jahres bestimmt. Besondere Bedeutung kommt dabei den sogenannten Durchbruchzielen zu, denn sie sind der verlängerte operative Arm der Strategie und Dreijahreszielplanung [13]. Es empfiehlt sich eine Beschränkung auf maximal 3 Durchbruchziele in einem Jahr.

Ausgehend von den Durchbruchzielen im Set der relevanten Unternehmensziele erfolgt nun, wie Sie Bild 1.2 entnehmen können, die Entwicklung der abzuleitenden Bereichsziele, Team-, Gruppen- oder Abteilungsziele sowie der Ziele für jeden einzelnen Mitarbeiter.

Diese kaskadenförmig zu entwickelnde Zielstruktur stimmt mit der Zielhierarchie des traditionellen MbO überein [14, 15]. Und wenn wir beim Bild der Kaskade bleiben, dann wird durch den Input am Beginn des Wasserfalls (Unternehmensziele) entschieden, ob auf der letzten Stufe (Mitarbeiterziele) ein kräftiger, klarer

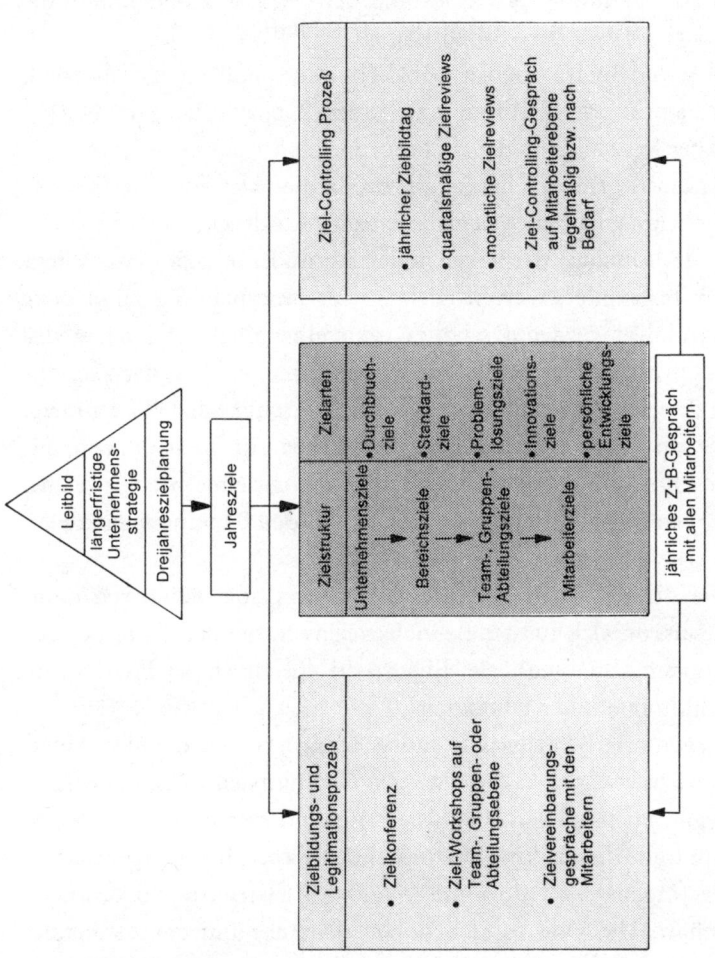

Bild 1.2   Das operative Zielmanagement-Modell

25

Wasserschwall oder nur noch ein trübes Rinnsal oder evtl. überhaupt nichts mehr ankommt.

Im operativen Zielmanagement-Modell kommt nun der Qualität des Zielbildungsprozesses und der des Ziel-Controlling-Prozesses eine besondere Bedeutung zu.

Während das traditionelle MbO von Zielvorgabe und Zielsetzung als einem Akt der Bestimmung übergeordneter Instanzen unter begrenzter Konsultation der nachgeordneten Ebenen ausgeht, kommt schon im Begriff «Zielbildungsprozeß» die aktivierend-gestaltende Einbeziehung ganzer Systemebenen zum Ausdruck.

In der Qualität der Zielgenerierung und Ziellegitimation liegt schon begründet, warum Ziele so oft innerlich abgelehnt oder unterminiert werden. Deshalb wird in einer Zielkonferenz, an der die Führungskräfte der 1. und 2. Ebene teilnehmen, der Zielrahmen der Unternehmensziele (inkl. der Durchbruchziele) definiert.

In den nachfolgenden Ziel-Workshops auf Team-, Gruppen- oder Abteilungsebene erarbeiten die Bereichsleiter mit den Team-, Gruppen- oder Abteilungsleitern die aus den Unternehmenszielen sich ergebenden Bereichsziele.

Die Team-, Gruppen- oder Abteilungsleiter definieren dann ihrerseits die sich aus den Bereichszielen ergebenden Team-, Gruppen- oder Abteilungsziele. Ebenso erfolgt auf dieser Prozeßstufe die Bildung der Mitarbeiterziele.

Liegen alle Bereichsziele sowie Team-, Gruppen- oder Abteilungsziele vor, gehen diese an die Geschäftsleitung zur Prüfung und ggf. nochmaligen Überarbeitung auf Bereichsebene.

Am Ende dieser Prozeßkette steht eine von allen Führungskräften getragene, weil aktiv mitgestaltete Zielstruktur für das neue Geschäftsjahr. Daß es sich dabei nicht nur um die Akzeptanz bloßer Zahlen handelt, sondern auch um eine durch den Zielbildungsprozeß gemeinsam entwickelte Werthaltung und emotional positive Zielbesetzung, ist ein gewolltes, elementares Ergebnis des Prozesses.

Nun sind Ziele ja nichts Statisches. Im Laufe eines Geschäftsjahres wird durch interne oder externe Einflüsse zum Teil heftig
an den Zielen gezerrt. Und diesem dynamischen Charakter ist
durch einen entsprechenden Steuerungsprozeß zu begegnen.
Der in Bild 1.2 dargestellte Ziel-Controlling-Prozeß trägt dieser
dynamischen Komponente Rechnung, weil Controlling die in die
Zukunft gerichtete, vorbeugende Prüfung der Zielerreichung darstellt, damit man ein ungewolltes Ereignis (Zielabweichung) nicht
erst dann feststellt, wenn es unabwendbar eingetreten ist. In
diesem Sinne entspricht das operative Zielmanagementmodell
dem, was F. MALIK als systemisches Management im Gegensatz
zum konstruktivistischen Management beschreibt [16] (Tabelle
1.7).

Struktur und Prozeß sind gleichwertige Elemente im Zielmanagementmodell und beeinflussen sich wechselseitig. Es kommt eben
nicht darauf an, einfach nur Ziele zu formulieren, sondern das
Ganze auf eine Systembetrachtung hin anzulegen, bei der die
Qualität der Prozeßabläufe ursächlich die Qualität der Struktur
bestimmt.

konstruktivistisches Management (traditioneller MbO-Ansatz)	systemisches Management (Zielmanagement-Modell)
Management in diesem Sinne ist	Management in diesem Sinne ist
• nur Menschenführung • Führung Weniger • Aufgabe Weniger • direktes Einwirken • auf Optimierung ausgerichtet • gekennzeichnet durch im großen und ganzen ausreichende Information • im Ziel auf Gewinnmaximierung angelegt	• Gestaltung und Lenkung ganzer • Institutionen • Führung Vieler • Aufgabe Vieler • indirektes Einwirken • auf Steuerbarkeit ausgerichtet • gekennzeichnet durch nie • ausreichende Information im Ziel auf Maximierung der Lebens-fähigkeit angelegt

Tabelle 1.7 Unterschiede zwischen konstruktivistischem und
systemischem Management

Und im Zeitalter des Lean-Managements, also des «schlanken Managements», in dem u.a. durch einen Abbau von Führungsebenen eine viel stärkere Zielverantwortung auf Teams und Gruppen zukommt, ist der Prozeßqualität eine noch wesentlich größere Bedeutung beizumessen, als wir das heute bereits in unserem Denken und Handeln realisieren [17, 18, 19].

Das Zielmanagementmodell baut auf allen Ebenen des Systems «Unternehmung» auf einem Menschenbild auf, in dem zielorientierte Selbststeuerung, Entwicklung von innen heraus und Frühwarnsystemdenken tragende Elemente darstellen.

Wir werden in den folgenden Kapiteln dieses Buches die für ein erfolgreiches Zielmanagement erforderlichen Instrumente und deren Anwendung in den drei typischen Situationen des Führungsalltags darstellen.

Zunächst beginnen wir mit der Betrachtung des Zielmanagements bei der Führungskraft selbst und stellen dann dar, wie Zielmanagement mit Mitarbeitern und Teams bzw. Gruppen funktioniert.

Kapitel 2

SICH SELBST ZIELORIENTIERT FÜHREN

Die Bedeutung von Zielen im (Arbeits-)Alltag

Von A. LINCOLN stammt der Ausspruch: «Wer im Leben kein Ziel hat, verläuft sich.» Und in der Tat irren ja viele Menschen im Leben umher, weil sie nicht genau wissen, wohin sie wollen. Man könnte auch sagen: «Sage mir, wie du mit deinen Zielen umgehst, so sage ich dir, wer du bist.»

Dabei ist «ein Ziel der vorgestellte und angestrebte Zustand am Ende einer Handlung», und dieser «soll konkret und spezifisch sein, denn darin unterscheidet sich das Ziel vom Wert». [20]

Wer also Manager seiner privaten und beruflichen Zukunft werden will, der muß in erster Linie die Kunst der persönlichen Zielfindung und Zielsetzung beherrschen, denn: *Ziele sind unsere Führungsgrößen.* Und bitte beantworten Sie sich doch selbst einmal folgende Fragen:

☐ Was sind meine Wunschziele in privater und beruflicher Hinsicht?
☐ Habe ich eine Vorstellung von meinem Beruf in 5 Jahren?
☐ Was will ich tun, wenn ich aus dem Erwerbsleben ausscheide?
☐ In welchem Zustand will ich gesundheitlich, seelisch, geistig, materiell, familiär usw. in ein, fünf oder 10 und mehr Jahren leben?

Die Antworten auf diese Fragen sind meist nicht spontan verfügbar. Man muß nach- und vordenken. Sie beginnen damit einen

Prozeß der positiven Selbstbestimmung. Und dieser Prozeß lohnt sich, denn Ziele sind die Wegweiser zum Erfolg. Sie ermöglichen die Einordnung unseres Handelns in einen Sinnzusammenhang.

Wer persönliches Zielmanagement betreibt, wird viele angenehme Überraschungen erleben, denn:

- Sie setzen sich mit dem, was Sie von Ihrem Leben zukünftig erwarten, grundsätzlich auseinander. Das verringert die eigene Ungewißheit ganz beträchtlich.
- Wenn Sie klare Ziele haben, erfordert das Initiative von Ihnen, denn Ziele lösen Handlungen aus.
- Die vielen kleinen Handlungen und Aufgaben des Alltags werden geordnet. Sie wissen, wofür Sie etwas tun.
- Erst wenn Sie etwas in den Rang eines Ziels erheben, werden Sie mit dem Planen beginnen.
- Ihre Ziele wirken im Sinne einer sich selbst bestätigenden Vorhersage. Sie bekommen, woran Sie glauben.
- Ziele sorgen für eine Balance zwischen den eigenen Absichten und Wünschen und den Ansprüchen von außen (z.B. vom Unternehmen).
- Die Zielfindung ist ein Prozeß der kontinuierlichen «Standortbestimmung», bei dem Sie sich immer wieder mit solchen Fragen auseinandersetzen wie:
  – Wo stehe ich in meiner Lebenszielverwirklichung?
  – Was zieht mich zum Ziel hin und was blockiert mich?
  – Was kann ich bereits besonders gut und was gelingt mir immer noch nicht?

Gerade im letzten Punkt wird deutlich, daß die Zielfindung nicht ein «Einmal-Ereignis», sondern ein kontinuierlicher Prozeß ist. Leben heißt auswählen. In diesem Sinne ist die Zielbestimmung ein ständiger Wahlakt. «Die meiste Zeit unseres Lebens sind wir unterwegs nach Zielen, wohingegen die endgültige Zielerreichung oft nur Augenblicke umfaßt. [21]

P. DRUCKER meint, daß eine Führungskraft eigentlich nur eine Person zu führen hat, nämlich sich selbst. Und was man für sich selbst nicht klar hat, bekommt man im Umgang mit anderen Menschen auch nicht auf die Reihe. Sich selbst zielorientiert zu verhalten ist deshalb weit mehr als einer von außen geforderten Übung zu folgen, sondern Ausdruck des persönlichen Denkstils und einer inneren Haltung.

Die motivationalen Zielkriterien

Wenn ein Ziel der vorgestellte und angestrebte Zustand am Ende einer Handlung ist, dann geht aus dieser Definition zweierlei hervor:

1. Man braucht eine Vorstellung von dem, was man will.
2. Man muß das Vorgestellte auch anstreben wollen.

Beides ist nicht unabhängig voneinander, wie wir noch sehen werden.

Im Begriff «Vorstellung» ist unausgesprochen die bildhafte Verkörperung des Ziels enthalten. Man könnte auch fragen: «Haben Sie klare Zielbilder?»

Wir machen uns ständig Vorstellungen von Zuständen, indem wir «innere Bilder» herstellen. Je plastischer Sie nun ein Bild beschreiben können, d.h., je genauer, präziser, detaillierter Sie wissen, was Sie am Zielpunkt haben und sein wollen, desto bereitwilliger handeln Sie auf genau dieses Ziel hin. Das Ziel besitzt eine hohe Anziehungskraft für Sie, und deshalb wird es auch leichtfallen, sich anzustrengen.

Aber es gilt auch der Umkehrschluß: Je verschwommener, unklarer, unpräziser das Zielbild ist, desto zögernder bewegen wir uns auf das Ziel zu, um so eher fallen uns Begründungen ein, warum etwas nicht geht, notwendige Handlungen aufgeschoben werden müssen usw.

Es gibt ja auch keinen vernünftigen Grund, sich auf ein unklares Ziel zuzubewegen. Konkret würde das ja bedeuten, Energie für etwas zu mobilisieren, was man nicht genau kennt, wovon man kein Abbild hat.

Wie «macht» man nun solche Zielbilder für sich selbst? Sie denken an einen Zustand, eine Situation, die Sie künftig haben wollen, und lassen einfach einmal Bilder dazukommen. Automatisch fühlen Sie sich zu einem bestimmten Bild hingezogen. Schauen Sie sich an, was alles auf diesem positiven Zielbild zu sehen ist.

Wie sehen Sie aus, die Umgebung, mögliche andere Personen usw.? Spüren Sie dann, was Sie empfinden werden, wenn Sie an diesem Ziel angekommen sind. Hören Sie auf die Stimmen, Klänge und Melodien im Zielbild. Und vielleicht gibt es einen positiven Satz, den Sie zu sich sagen, wenn Sie auf dem Zieltreppchen stehen. Schreiben Sie diesen Satz auf, denn er ist *ein positiver Anker* für Sie, den Sie sich innerlich vorsagen können, wenn Ihnen danach zumute ist.

Je öfter Sie sich das Zielbild innerlich anschauen, um so mehr wird der Inhalt zur Handlungsrichtschnur, denn unser Gehirn unterscheidet bei intensiven inneren Bildern nicht, ob sie Realität sind oder vorgestellte Zukunft [22, 23]. Je besser dabei die

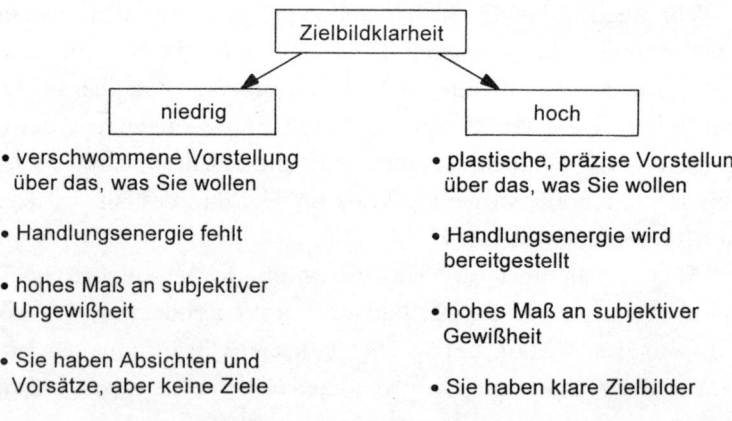

Bild 2.1   Zielbildklarheit

Zielbildklarheit ist, desto positiver sind die Effekte, wie Bild 2.1 zeigt. Wir können also als erstes motivationales Zielkriterium festhalten:

Ein Ziel wirkt nur dann handlungsauffordernd, wenn mit ihm eine klare Vorstellung (Zielbild) verbunden ist.

Für die motivationale Wirkung eines Ziels ist die Qualität der Zielformulierung entscheidend. Sehr oft sind Ziele negativ formuliert. Man weiß halt meistens genauer, was man nicht will: Sich nicht mehr über X ärgern. Nicht mehr so viel rauchen. Nicht mehr soviel Hektik machen usw. Die Liste des «Nicht mehr» ist vermutlich ohne Ende.

Die Crux ist nur, daß wir zwar «nicht» sagen, aber leider nicht «nicht» denken können. Unser Gehirn ignoriert Nicht-Befehle. Sie können ja einmal versuchen, 10 Sekunden lang nicht an das Wort «Giraffe» zu denken. Es wird Ihnen nicht gelingen.

Sofern Sie also ein Ziel mit «nicht» definiert haben, wissen Sie zwar, was Sie nicht wollen, aber: Was wollen Sie statt dessen? Worin besteht der positive Gegenpol?

Lautet Ihre Zielformulierung z.B.: Ich will Samstagmorgen nicht mehr am Schreibtisch sitzen, dann haben Sie gute Chancen, genau dort zu landen. Ihr Unterbewußtsein filtert das «nicht» einfach weg, und Ihr Zielsatz lautet: Ich will Samstagmorgen mehr am Schreibtisch sitzen. Das wollten Sie aber gar nicht – oder doch? Statt dessen wäre z.B. der positive Gegenpol: Samstagmorgen gehe ich zwei Stunden Tennis spielen.

Wer viele Nicht-Ziele formuliert hat, muß sich nicht wundern, wenn er ärgerlich, verdrossen oder unzufrieden ist. Sofern ein Mensch nicht weiß, was er als positives Ziel will, bekommt er von dem, was er nicht will, immer mehr.

Nicht-Ziele fördern eine Abwehrhaltung, mobilisieren Vermeidungsenergie, begünstigen negatives Denken und Fühlen und engen unseren Verhaltensspielraum ein.

Überdies haben Streßforscher herausgefunden, daß positive Gefühle wie Hoffnung, Zuversicht, Freude, Neugier usw. ver-

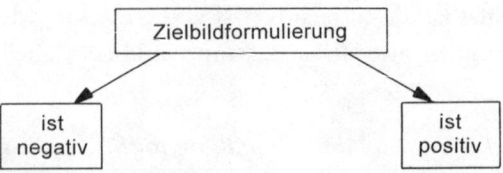

ist negativ	ist positiv
• Denken, Fühlen und Handeln im Problemrahmen.	• Denken, Fühlen und Handeln im Zielrahmen.
• Mobilisierung negativer Energie	• Mobilisieren positiver Energie.
• Sie wissen, was Sie "nicht" wollen.	• Sie wissen, was Sie "stattdessen" wollen.
• Verharren am (ungeliebten?) Vermeidungspol.	• Bewegung zum gewünschten Zielpol hin.

Bild 2.2   Auswirkungen positiver und negativer Zielformulierungen

lorengeglaubte Kräfte wiederherstellen. Sie unterstützen die Ausdauer bei der Lebensbewältigung und füllen Atempausen aus, die neue Kraft vermitteln.

Wie Bild 2.2 noch einmal verdeutlicht, geht es nicht um eine semantische Frage. Zwischen dem «Nicht-Ziel» und dem positiv formulierten Ziel liegen in der Tat Denk- und Gefühlswelten. Wir können deshalb als zweites motivationales Zielkriterium festhalten:

" Ein Ziel ist positiv zu formulieren, weil es dann aktivierend wirkt und positive Gefühle auslöst. "

Als drittes motivationales Zielkriterium ist zu beachten, daß der Zielzustand durch mich selbst erreichbar sein muß. Sprichwörtlich ausgedrückt: «Auf der Suche nach einer helfenden Hand wird man am ehesten am Ende seiner eigenen Arme fündig.»

Ein Ziel, dessen Erreichung unter Kontrolle anderer steht, verliert an Belohnungswert.

Gerade der Ich-Bezug des Ziels schafft ja die gefühls- und handlungsmäßige Mobilisierung. Das Gefühl, daß ich es geschafft habe, bringt das Erfolgserlebnis. Und man erreicht nicht das im Leben, was man möchte, sondern immer nur das, woran man auch wirklich glaubt. Insofern gilt die alte biblische Aussage, daß der Glaube Berge versetzen kann, nach wie vor.

Werden Ziele nicht erreicht, so stellt man bei genauerem Hinsehen sehr oft fest, daß das Ziel zuerst «innerlich» aufgegeben wurde. Erst dann hat sich die Realität genau so eingestellt und nicht etwa umgekehrt. An ein Ziel muß man glauben, wenn es dauerhaft realisiert werden soll.

Wir können deshalb als drittes motivationales Zielkriterium festhalten:

99 *Ein Ziel muß unter eigener Kontrolle stehen, d.h., die Zielerreichung ist durch eigenständige Anstrengung erreichbar.* **66**

Wenn Sie jetzt einmal innehalten und sich zwei oder drei Ziele aus den zurückliegenden sechs Monaten vor Augen führen, die Sie nicht erreicht haben: Woran hat es gelegen?

☐ Hatten Sie ein hinreichend klares Zielbild?
☐ War Ihr Ziel positiv formuliert?
☐ Haben Sie daran geglaubt, daß das Ziel durch eigene Anstrengung erreichbar ist?

Und falls das eine oder andere Ziel für Sie noch Bestand hat und interessant ist: Was wäre im Sinne der drei motivationalen Zielkriterien jetzt zu tun?

Angesichts der Bedeutung der motivationalen Zielkriterien ist es erstaunlich, festzustellen, wie sehr man sich in der Praxis bei der Zielformulierung fast ausschließlich auf die noch zu behandelnden rationalen Zielkriterien stützt.

Kein Wunder also, daß viele Ziele keine «emotionale Bodenhaftung» haben. Sie werden «innerlich» nicht mitgetragen. Wichtig wäre deshalb, mehr Zeit in die qualitative Prozedur der Zielgenerierung zu investieren und neben dem Verstand der Intuition und dem Gefühl angemessenen Raum zu geben.

Die rationalen Zielkriterien

Zur Erlangung einer hinreichenden Zielbildqualität tragen die rationalen Zielkriterien bei. Insgesamt sind es acht Konstruktionskriterien, die zu beachten sind.

1. Ein Ziel muß schriftlich und konkret formuliert sein.

«Ich habe meine Ziele im Kopf, aufschreiben brauche ich die nicht», so die Aussage vieler Seminarteilnehmer. Im Einzelfall kann das stimmen, im Regelfall stimmt es nicht.

Durch das Aufschreiben Ihrer Ziele wird ein vielschichtiger Bereinigungs- und Denkprozeß in Gang gesetzt. Die meisten Menschen stellen nämlich erstaunt fest, daß es mit der ersten Formulierung eines Ziels nicht auf Anhieb klappt. Da laufen schon beträchtliche innere Abwägungsprozesse ab, bei denen man feststellt, daß so viele Dinge noch «unklar» sind.

Das ist normal, notwendig und positiv. Durch das Aufschreiben Ihrer Ziele gewinnen Sie eine gute *Zielbildqualität*. Aufgeschriebene Ziele haben auch einen höheren Verbindlichkeitscharakter. Und schließlich wollen Sie ja auch eine Kontrolle haben, ob Sie am Ziel angekommen sind. Wenn Ihre Ziele «nur im Kopf» vorhanden sind, dann paßt man sie so leicht jeder Situation an. Deshalb gilt: *Denken ist Schreiben!*

2. Ein Ziel ist anhand beobachtbarer Größen und/oder Verhaltensweisen zu beschreiben.

Wenn Sie z.B. formulieren: «Ich werde meine Mitarbeiter kooperativer führen», so ist das nicht in beobachtbaren Größen formuliert.

In dieser Form ist der Zielsatz wenig hilfreich, weil er auf einer Makro-Ebene formuliert ist. Was heißt konkret «kooperativer führen»? Diese Formulierung ist noch zu abstrakt, und abstrakte Begriffe ermöglichen viele konkrete Auslegungen. Eine davon wäre z.B.: Ich werde innerhalb der nächsten zwei Jahre ein Mitarbeiterbeurteilungssystem einführen. Das wäre eine mittelfristige Zielsetzung, die schon konkreter wäre.

Am konkretesten ist aber die folgende kurzfristige Zielsetzung zu «kooperativer führen»:

Ich führe mit Beginn des nächsten Monats wöchentlich eine 30- bis 60minütige Teambesprechung durch, und zwar montags von 9.00 Uhr bis 10.00 Uhr.

Mit dieser Zielformulierung sind Sie jetzt auf der sogenannten *Mikro-Ebene* angekommen. Auf dieser Mikro(skop)-Ebene sind die Feinheiten des Ziels sehr genau beschrieben.

Kurzfristige Ziele sollten Sie immer «mikroskopisch genau» formulieren, denn dann haben Sie die beste Zielbildqualität.

Bei den mittelfristigen Zielen geht das zum Teil auch. Und die langfristigen Ziele sind von ihrer Natur her oft einfach etwas abstrakter, umfassender, weshalb wir sie auch als *Makro-Ebenen-Ziele* bezeichnen.

3. Ein Ziel muß terminbezogen sein. Festzulegen sind entweder ein Zeitpunkt oder ein Zeitrahmen.

Dieses Zielkriterium wird häufig «vergessen». Letztlich kommt aber hier ein entscheidender Aspekt der Realitätsprüfung in die Zielformulierung.

Wenn Sie sagen: «Ich nehme 10 Pfund ab», dann ist das zwar eine beobachtbare Größe, aber bis wann? Richtig formuliert wäre es: «Bis zum 1.6. nehme ich 10 Pfund ab» oder «In der Zeit vom 1.4. bis 1.6. habe ich mein Gewicht um 10 Pfund reduziert».

4. Ein Ziel ist durch Ober- und Untergrenzen beschrieben, damit das Leistungsniveau klar ist.

Vielfach ist es sinnvoll, statt sogenannter «Punktziele» (10 Pfund abnehmen), «Bandbreitenziele» zu formulieren (8 bis 10 Pfund abnehmen). Letztlich ist das Geschmacksache. Wichtig ist, daß Sie das Leistungsniveau festlegen.

5. Ein Ziel muß realistisch sein. Es soll herausfordernd, aber nicht überfordernd sein.

Gegen dieses Zielkriterium wird am häufigsten verstoßen. Sofern die Zielformulierung unrealistisch ist, wird sie nicht geglaubt. Damit fehlt aber eines der entscheidenden motivationalen Zielstandbeine.

Wir wissen aus der Leistungsmotivationspsychologie [24], daß die Zielniveaubestimmung eng mit dem Leistungsmotiv zusammenhängt. Das Leistungsmotiv hat einen positiven Pol (Hoffnung auf Erfolg) und einen negativen Pol (Furcht vor Mißerfolg). Menschen, bei denen die Hoffnung auf Erfolg deutlich stärker ausgeprägt ist als die Furcht vor Mißerfolg, nennen wir «Erfolgsmotivierte»; ist hingegen die Furcht vor Mißerfolg größer als die Hoffnung auf Erfolg, haben wir es mit sogenannten «Mißerfolgsvermeidern» zu tun. Auf die Zielniveaubestimmung hat dies die in Bild 2.3 dargestellte Auswirkung.

Erfolgsmotivierte wollen den Erfolg und bauen deshalb keine Luftschlösser. Mißerfolgsvermeider setzen oft zu niedrige Ziele an, so daß im Zeitpunkt der Erreichung zwar kein Mißerfolg zu verzeichnen ist, aber aufgrund des niedrigen Niveaus bleibt auch der Belohnungswert aus. Im Falle der viel zu hohen Zielsetzung liegt im Zielniveau gleichzeitig die Erklärung fürs Scheitern, denn der Mißerfolgsvermeider sagt sich innerlich: «Selbst der Beste hätte dieses Zielniveau nur unter extremer Anstrengung und mit der nötigen Portion Glück geschafft.»

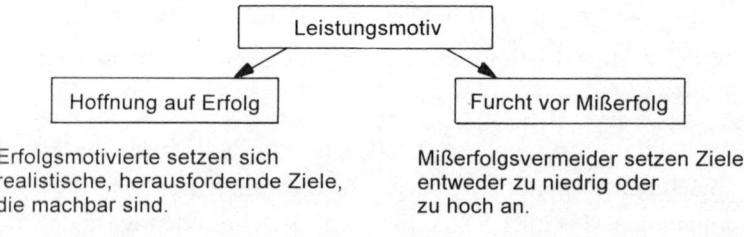

Bild 2.3 Zielsetzungsverhalten und Leistungsmotiv

Setzen Sie sich deshalb intensiv mit der Prüfung Ihres «Zielniveaus» auseinander. Man darf sich anstrengen und Reserven mobilisieren, aber bitte bedenken Sie: Ziele haben einen Preis! Und auf dem Altar ihrer Ziele haben viele Menschen Opfer gebracht, an die sie bei der Zielsetzung nie gedacht hätten, z.B. die eigene Gesundheit, das Familienleben, die Ehe, den Freundeskreis, das Hobby usw.

6. Ein Ziel ist so zu formulieren, daß ich selbst beurteilen und kontrollieren kann, ob ich am Ziel angekommen bin oder nicht.

Mit diesem Zielkriterium soll der Anteil der Selbstkontrolle gegenüber dem der Fremdkontrolle gestärkt werden. Unternehmen brauchen mehr denn je Menschen, die Selbstkontrolle gleichermaßen als Aspekt von Freiheit und Verantwortung annehmen und leben.

7. Ein Ziel ist widerspruchsfrei zu anderen Zielen zu formulieren, so daß kein Zielkonflikt entsteht.

Zielkonflikte haben die unangenehme Eigenschaft, die eigene Motivation und Handlungsbereitschaft zu blockieren. Deshalb sind Zielkonflikte möglichst gering zu halten.

8. Ein Ziel ist in eine Rangreihe zu bringen, damit die Zielpriorität deutlich wird.

Oft wird der Fehler gemacht, zu viele Ziele gleichzeitig erreichen zu wollen. Bei den Zielen macht es nicht die Menge, sondern die Qualität. Konzentrieren Sie sich auf wenige, anspruchsvolle Ziele, die – mit Prioritäten versehen – dann aber auch wirklich erreicht werden. In der Bilanz des Lebens erscheint nur das, was wir erreicht haben, nicht das, was wir wollten!

Da Sie nun alle rationalen Zielkriterien kennen, können Sie mit der Erstellung Ihres persönlichen Zielinventars beginnen. Wie in Tabelle 2.1 dargestellt, erfolgt eine Aufteilung in persönliche und

ZIELINVENTAR

Meine persönlichen Ziele	Meine beruflichen Ziele
längerfristig (5 bis 10 Jahre)	längerfristig (5 bis 10 Jahre)
Ich lebe gesund. Ich habe mit 50 Jahren × DM Vermögen.	Ich habe eine Position, in der ich meine Fähigkeiten leben kann.
mittelfristig (in den nächsten 3 Jahren) In 2 Jahren habe ich mich soweit organisiert, daß ich maximal 10 Stunden pro Tag arbeite. In 3 Jahren habe ich × DM in Sachwerten angelegt.	mittelfristig (in den nächsten 3 Jahren) Ich bin in 3 Jahren Gruppenleiter der Abteilung «TP1».
kurzfristig (in den nächsten 12 Monaten) Ich spiele ab dem 1.8.1994 samstags 2 Stunden Tennis. Ich spare bis zum Endes dieses Jahres X DM.	kurzfristig (in den nächsten 12 Monaten) Ich beherrsche bis zum 31. Oktober d.J. das komplette Logistik-System.

Tabelle 2.1 Das persönliche Zielinventar

berufliche Ziele, die nach längerfristigen (5 bis 10 Jahre), mittel-fristigen (3 Jahre) und kurzfristigen (1 Jahr) Zielen unterschieden werden.

Die längerfristigen Ziele sind meist etwas globaler, während die kurzfristigen Ziele möglichst viele der 8 rationalen Zielkriterien enthalten sollten, damit Sie eine brauchbare Zielbildqualität be-kommen.

Grundsätzlich werden die Ziele so formuliert, als ob man sie bereits erreicht hätte. Man schreibt also nicht ich möchte, würde oder hätte gerne, sondern: Ich habe ..., Ich bin ...

Die motivationalen Zielkriterien
1. Ich habe mir ein klares Zielbild gemacht.
2. Ich habe mein Ziel positiv formuliert.
3. Ich weiß, daß ich das Ziel erreichen werde, es ist zu meinem persönlichen Ziel geworden.

Die rationalen Zielkriterien
1. Ich habe das Ziel konkret und schriftlich formuliert.
2. Ich habe das Ziel anhand beobachtbarer Größen und/oder Verhaltensweisen beschrieben.
3. Ich habe das Ziel terminiert. Entweder auf einen konkreten Zeitpunkt oder in einem Zeitrahmen.
4. Ich habe für das Ziel Ober- und Untergrenzen definiert und kenne damit das Leistungsniveau.
5. Ich habe das Ziel realistisch gesetzt. Es ist herausfordernd, aber nicht überfordernd.
6. Ich kann selbst beurteilen und kontrollieren, ob ich am Ziel angekommen bin.
7. Ich habe das Ziel widerspruchsfrei zu anderen Zielen formuliert, so daß kein Zielkonflikt entsteht.
8. Ich habe das Ziel in eine Rangreihe zu anderen Zielen gebracht und damit die Zielpriorität bestimmt.

Regel: Je mehr Zielfaktoren in einer Zielformulierung enthalten sind, um so besser ist die Zielbildqualität.

Tabelle 2.2   Ziele bilden und richtig formulieren

Zur Veranschaulichung haben wir einige Beispielformulierungen im Zielinventar (Tabelle 2.1) dargestellt.

Damit Sie nun bei der Formulierung Ihres Zielinventars die benötigten Zielkriterien verfügbar haben, finden Sie in Tabelle 2.2 alle motivationalen und rationalen Zielkriterien auf einen Blick.

Vom Ziel zur Maßnahme

Ein Ziel ist: der ganze Weg zusammengerollt» (EKELUND). Und da Sie nun wissen, wo Sie ankommen wollen, gilt es, die Wegstrecke abzustecken. Die Tatsache, daß Sie klare Ziele haben, ist ein positives Ergebnis an sich, aber Ziele kommen nicht von alleine ins Laufen, dazu muß man sich auf den Weg machen.

Zu diesem Zweck zerlegen Sie Ihr Ziel in Teilziele oder Maßnahmenschritte. Und mit jedem Schritt (Teilziel) nähern Sie sich dem endgültigen Zielpunkt. Auf dieser Stufe der Zielumsetzung leisten Sie eine Vordenkarbeit. In Gedanken gehen Sie den Zielweg ab und teilen ihn in Etappen auf. Je gründlicher diese Phase durchgespielt wird, um so weniger unangenehme Überraschungen erlebt man später. Vordenken ist eben Probehandeln zu niedrigen Kosten!

Die gedankliche Zerlegung der Zielstrecke in Etappen hat folgende Vorteile:

☐ Sie erhalten auf diese Weise den höchsten Grad an Zielbildqualität.

☐ Sie werden feststellen, daß der Teufel im Detail steckt, also meist mehr zu tun ist als man bei globaler Zielbetrachtung meint.

☐ Es kann vorkommen, daß Sie den ursprünglichen Zielsatz noch einmal korrigieren, weil über die Maßnahmenplanung Ihr Informationsniveau besser geworden ist.

☐ Sie erhalten über die Maßnahmenplanung gleichzeitig ein Kontrollraster zur Überprüfung der Zielannäherung.

☐ Das Prinzip der «Schriftlichkeit» sorgt gleichzeitig für eine größere Verbindlichkeit.

In Tabelle 2.3 haben wir zur Veranschaulichung ein kurzfristiges Ziel in Maßnahmenschritte übersetzt. Entwerfen Sie sich ein

	spätestens erreicht bis:
Mein Ziel: Ich führe mit Beginn des nächsten Monats wöchentlich eine Teambesprechung von 30 bis 60 Minuten durch, u.z. montags von 9.00 bis 10.00 Uhr. Dabei wird eine Zielvereinbarungsliste als Ergebnisprotokoll erstellt, die jeweils in der nächsten Sitzung als Kontrollcheckliste für alle vereinbarten Aktivitäten gilt.	3.2.
Meine Maßnahmen: **1. Schritt:** Ich formuliere die wichtigsten Gründe und Nutzenargumente für die Einführung der Teambesprechung und teile sie den Mitarbeitern schriftlich mit.	15.1.
2. Schritt: Ich stelle fest, wo wir tagen können und ob im Raum alle nötigen Medien vorhanden sind (Flipchart, Pinwände, Overhead-Projektor).	20.1.
3. Schritt: Ich entwerfe ein Formular für die Protokollierung der Zielvereinbarung bzw. überlege mir, wer ein solches Formular schon hat oder für mich entwerfen könnte.	25.1.
4. Schritt: Ich kläre mit der Sekretärin und der Telefonzentrale ab, daß wir störungsfrei arbeiten können.	2.2
5. Schritt: Ich veranlasse, daß die Sekretärin am Nachmittag des 2.2. die Teilnehmer nochmal telefonisch auf den Termin hinweist und den Raum tagungsfähig herrichtet.	2.2.
6. Schritt: Ich mache mir einen Ablaufplan mit Grobzielen für die erste Sitzung (mit Kopien für die Teilnehmer).	2.2.

Tabelle 2.3 Übersetzung eines Zieles in Maßnahmen

einfaches Formular in Anlehnung an unser Musterbeispiel. So gewöhnt man sich sehr schnell in einfacher und produktiver Weise an eine saubere Arbeitstechnik. Und es wäre sinnvoll, wenn Sie für Ihre wichtigsten kurz- und mittelfristigen Ziele solche Umsetzungspläne zur Hand hätten.

Die Kraftfeld-Analyse – Was beeinflußt Ihre Ziele?

In vielen Unternehmen wird vorwiegend nur zielorientiert gedacht und dabei die entscheidende Tatsache verdrängt, daß Ziel und Weg eine Einheit sind. Es entspringt antiquiertem Denken, Ziele bei deren Nicht-Erreichung einfach zu korrigieren, ohne zu prüfen, welche Faktoren dafür verantwortlich sind. Wo das öfter vorkommt, herrscht ein statischer Zielbegriff vor.

Durch die Einheit von Ziel und Weg kommt über den «Wegprozeß» eine neue Dynamik ins Spiel. Meistens wachsen die Schwierigkeiten, je näher man dem Ziel kommt. Und weil selbst bei gründlichster Vordenkarbeit immer nur das Mögliche vorweggenommen werden kann, braucht man ein Instrument, mit dem die Prozeßorientierung realisierbar ist. Dazu dient die von dem deutschen Sozialpsychologen K. LEWIN [25] entwickelte «Kraftfeld-Analyse».

Die Grundüberlegungen sind bestechend einfach: Jedes Ziel befindet sich in einem Spannungsfeld, in dem fördernde und hemmende Kräfte auf das Ziel einwirken. Die fördernden Kräfte bezeichnen wir mit Z+. Wenn sie überwiegen, ziehen sie uns zum Ziel hin. Die zielhemmenden Kräfte bezeichnen wir mit Z–. Wenn sie überwiegen, ziehen sie uns vom Ziel weg.

Je genauer man nun erkennt, welche Z+ und/oder Z- auf das Ziel einwirken, desto besser kann man Veränderungsmaßnahmen in Gang setzen.

Der methodische Ablauf der Kraftfeld-Analyse erfolgt in vier Schritten:

1. Um welches Ziel geht es?
2. Welche zielfördernden Kräfte (Z+) und zielhemmenden Kräfte (Z–) wirken auf das Ziel ein?
3. Welches sind die jeweils wirksamsten Z+ und Z–?

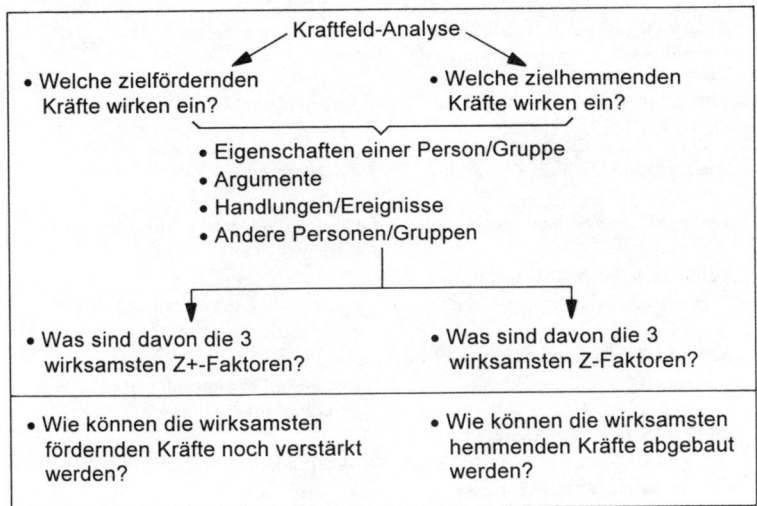

Bild 2.4 Ablaufmuster einer Kraftfeld-Analyse

4. Mit welchen konkreten Maßnahmen können die zielfördernden Kräfte noch verstärkt und die zielhemmenden Kräfte abgebaut werden?

Die zielfördernden und zielhemmenden Kräfte können bestehen aus: Eigenschaften einer Person oder Gruppe, Argumenten, Handlungen/Ereignissen und anderen Personen bzw. Gruppen.

Zur besseren Veranschaulichung finden Sie in Bild 2.4 den Prozeß dargestellt.

Damit Sie ein konkretes Praxisbeispiel einer kompletten Kraftfeld-Analyse als Vorlage für die eigene Arbeit haben, finden Sie in Tabelle 2.4 eine entsprechende Darstellung. Die jeweils wichtigsten drei Z+ und Z- sind mit «W» markiert.

Wie Sie dem Beispiel entnehmen können, sind die Z+ und die Z- jeweils völlig verschiedene Faktoren. Es geht auch nicht um eine Stärken-Schwächen-Analyse im herkömmlichen Sinn. Vielmehr dokumentiert die Kraftfeld-Analyse die zum Zeitpunkt X bestehenden Wirkungskräfte auf das Ziel.

45

Kraftfeld-Analyse	
Mein ZIEL lautet: Entwicklung eines Konzeptes für Produktionsplanung und -steuerung (PPS) bis zum 31.3.	
Zielfördernde Kräfte (Z+) sind:	**Zielhemmende Kräfte (Z–) sind:**
eigene Moderationsfähigkeit ist gut **W** Wunsch der Betroffenen nach mehr Transparenz und weniger Hektik **W** Geschäftsleitung hat schon Priorität gesetzt **W** Frageliste für Ist-Analyse Gruppenzusammensetzung ist bereichsübergreifend Betriebsrat wird einbezogen	mangelnde Detailerfahrung in der Vorgehensweise mangelnde Durchsetzungskraft zur Zieleinhaltung Ziel ist unbekannt oder unklar. Was ist «PPS» und was soll es leisten? Akzeptanz ist unterschiedlich **W** konkrete Teilziele/Hilfsmittel fehlen **W** Aktivitäten der EDV-Gruppe laufen parallel Teammitglieder haben zu wenig Zeit **W** Teammitglieder haben unterschiedlichen «Leidensdruck»
Wie können die fördernden Kräfte noch verstärkt werden?	**Wie können die hemmenden Kräfte abgebaut werden?**
1. Wünsche noch einmal genau mit den Betroffenen erarbeiten 2. Nochmaliges Verdeutlichen der Priorität 3. Frageliste «Teilziele» ausarbeiten	1. Zielsetzung verdeutlichen und Teilziele erarbeiten 2. Sofortige Koordination mit EDV-Gruppe 3. Arbeitseinteilung/Zielsetzung der einzelnen Teammitglieder neu festlegen

Tabelle 2.4   Praxisbeispiel einer Kraftfeld-Analyse

Die Betrachtung der fördernden und hemmenden Kräfte führt auch aus der üblicherweise vorhandenen Zwickmühle von Lösungen 1. Art, die darin besteht, von dem, was nicht hilft, mehr zu tun, was im Regelfall zu einer Forcierung der Z+-Kräfte führt. Erfahrungsgemäß hilft das nur partiell oder gar nicht. Lösungen 2. Art bestehen darin, das Muster zu verändern [26].

Ein hemmender Faktor kann nicht durch Überdosierung eines fördernden Faktors beseitigt werden, denn systemtheoretisch betrachtet reguliert der Engpaßfaktor das System. In diesem Sinne ist die Kraftfeld-Analyse ein ausgezeichnetes Verfahren, den prozessualen Charakter der Zielfindung zu verdeutlichen. Und in der Praxis gibt es laufend Anwendungsmöglichkeiten, wie in Tabelle 2.5 festzustellen ist.

Anzahl der Beteiligten	Mögliche Anwendungssituationen der Kraftfeld-Analyse
alleine	Für Ziele, die bereits in der Realisierung sind und wo sich Schwierigkeiten auftun.
	Für Ziele, die erst in Angriff genommen werden. Die Kraftfeld-Analyse hat hier vorbeugenden Charakter.
	Für private Engpaßsituationen.
mit einem Mitarbeiter	Der Mitarbeiter hat ein individuelles Problem.
mit einer Gruppe	Probleme in der Zusammenarbeit innerhalb einer Gruppe.
	Probleme zwischen Gruppen.
	Diagnose der Gruppenzielsituation.
zwischen Unternehmen und Lieferanten oder Kunden	Diagnose bestehender, problematischer Lieferanten-Kunden-Beziehungen.

Tabelle 2.5 Anwendungsmöglichkeiten der Kraftfeld-Analyse

Zielverträge mit sich selbst schließen

Manche Menschen verwenden all ihre Kraft aufs Anfangen und vollenden wenig. Und bestimmt kennen Sie aus eigener Erfahrung das Gefühl, daß die anfängliche Begeisterung für ein Ziel nachläßt und damit auch der Wille, sich zielkonform zu verhalten. Dafür gibt es dann immer eine Vielzahl von rationalen Erklärungen, Ausreden oder Entschuldigungen. Es ist ja auch gar nicht so einfach, sich immer wieder selbst zu motivieren.

Und damit Ihre Ziele nicht wie gesattelte Gäule im Stall stehen, die nicht geritten werden, haben Sie mit dem in Bild 2.5 dargestellten Zielvertrag die Möglichkeit, sich selbst in den Sattel zu heben und loszureiten.

Viele hundert Teilnehmer unserer Seminare haben solche «Zielverträge» mit sich geschlossen, die wir ihnen dann zu einem von ihnen gewünschten Zeitpunkt zusenden. Und die Wirkung ist nach vielen erfolgten Rückmeldungen verblüffend. Das liegt einfach daran, daß hier auf schriftliche Art eine Selbstfestlegung mit hoher Verbindlichkeit erfolgt. Wird dann ein solcher Zielvertrag einem Dritten zugesandt – mit der Bitte um Kontrolle -, so erhöht sich diese Verbindlichkeit noch.

Der Zielvertrag (Bild 2.5) enthält die Maßnahmen, die Sie zur Erreichung eines Ziels vom Vertragszeitpunkt an einleiten wollen. Der Vertragszeitraum sollte drei bis sechs Monate nicht überschreiten. Am Anfang einer solchen Vertragsarbeit sind eher kurze Zeiträume empfehlenswert.

Und wenn Sie wollen, schreiben Sie eine Belohnung im Vertrag fest, die Ihnen bei Vertragserfüllung winkt. Vielleicht sind Sie aber auch schon mit der Tatsache genug belohnt, den Vertrag erfüllt zu haben.

Empfehlenswert ist diese Technik für all jene, die an Aufschieberitis leiden. Dann sollte man für die 3 bis 5 wichtigsten Ziele solche Verträge machen.

ZIELVERTRAG

Ich vereinbare mit mir selbst, daß ich bis zum
_____ folgendes Ziel erreicht habe.

ZIEL:

Dafür werde ich folgende Maßnahmen durchführen:

Folgende Ausreden, Erklärungen oder Entschuldigungen
lasse ich nicht gelten, wenn das Ziel bis zum obenge-
nannten Zeitpunkt nicht erreicht wurde:

Diesen Vertrag habe ich in Zweitschrift ausgehändigt an
_____. Er/Sie wird die Ein-
haltung des Ziels am vereinbarten Zeitpunkt überprüfen.

Datum: _____ Unterschrift: _____

Bild 2.5   Muster eines Zielvertrages

Ziele und Zeitmanagement

Wer erfolgreich persönliches Zielmanagement betreiben will, kommt an der Tatsache nicht vorbei, daß er sich ganz ernsthaft Gedanken über den Umgang mit der ihm zur Verfügung stehenden Zeit machen muß. Zielmanagement und Zeitmanagement sind wie siamesische Zwillinge miteinander verbunden.

Dabei verstehen wir unter «Zeitmanagement» keine starre Terminverwaltung, sondern die sich aus der Ziel-Wege-Dynamik ergebende Prozeßsteuerung.

«Zeitmanagement» ist in unserer pulsierenden, hektischen Zeit zu einen Dauerthema geworden. Nur selten findet man in Gesprächen Führungskräfte, die nicht über Zeitnot, Terminenge, Gestreßt-Sein oder fehlende Muße für das eigene Ich klagen.

Viele Menschen bemühen sich ernsthaft, ihre Zeit «in den Griff zu bekommen». Sie kaufen sich zu diesem Zweck teure Werkzeuge, sprich Zeitmanagement-Bücher. Das alles ist gut und richtig, aber die entscheidende Frage ist, ob es auch verhaltenswirksam wird.

Wer die administrative Komponente des Werkzeugs «Zeitplanbuch» in den Vordergrund schiebt, ist auf dem «falschen Dampfer» und hält meist nicht lange durch. Von Anfang an sollte man sich darüber klar sein, daß wirkungsvolles Zeitmanagement praktische Verhaltensänderung mit Dauerauftragscharakter ist.

Kann man «Zeit» überhaupt managen? Zur Beantwortung dieser Frage ist es erforderlich, beim Zeitbegriff zu differenzieren in die *physikalisch objektiv meßbare Zeit* und die *subjektiv empfundene Zeit*.

Letztere ist nur an persönlichen Qualitätsmaßstäben bewertbar. Wir bilden ja auch im Sprachgebrauch qualitative Zeitkategorien wie: Arbeitszeit, Freizeit, Ruhezeit, Mußezeit, Wartezeit, Erholungszeit, Urlaubszeit usw.

Nun hat die Zeit einige Merkmale, die sie zu etwas Besonderem machen; sie ist nicht vermehrbar, und man kann sie auch nicht ansparen, sozusagen auf Vorrat horten. Und in dem Sprichwort: *«Die Zeit ist eine geräuschlose Feile»*, kommt die wechselseitige Abhängigkeit der objektiven Zeit unserer Uhren und der subjektiven Lebenszeit besonders gut zum Ausdruck.

Es scheint demnach in der Tat so zu sein, daß die objektive Zeit alleine nicht zu managen ist. *Zeitmanagement ist in aller erster Linie Selbstmanagement!* Die launige Aussage: «Warum sind am Ende der Zeit immer noch so viele Aufgaben übrig?» weist uns augenzwinkernd auf diesen Selbstmanagement-Aspekt hin. Alle nachfolgenden Anregungen zum Ziel-Zeit-Management sind deshalb in ihrem Kern Selbststrukturierungshilfen.

Wer zukünftig mit seiner Zeit effektiver, d.h. zielorientierter umgehen will, schafft das nur, wenn er bereit ist, sein Verhalten zu ändern.

Von der Lebenszielplanung zur Tageszielplanung

Es ist ein weitgespannter Bogen von der Betrachtung des ganzen Lebens bis hin zur kleinsten Zeitplanungseinheit, dem einzelnen Lebenstag. Und dennoch besteht ein unumkehrbarer Zusammenhang zwischen diesen scheinbar so weit entfernten Polen.

Sie alle kennen solche Redensarten wie: «Die Zeit vergeht wie im Fluge.» «Je älter man wird, um so schneller vergeht die Zeit.» «Ich habe keine Zeit mehr für mich.» «Mir läuft die Zeit davon.»

Wenn Sie jetzt in allen Sätzen das Wort «Zeit» durch «Leben» ersetzen, dann lesen Sie diese Sätze bitte einmal für sich selbst ganz laut. Sprechen Sie jeden Satz aus, und spüren Sie, wie das ist, wenn Sie sagen: *«Ich habe kein Leben mehr für mich»*. Damit Sie aber wieder mehr Lebens-Zeit bekommen, wäre es gut, wenn Sie sich konkret aufschreiben, was Ihre lang-, mittel- und kurzfristigen Ziele sind. Das dazu erforderliche Formular «Zielinventar» haben wir Ihnen ja in Tabelle 2.1 bereits vorgestellt.

Nur wer sich Ziele setzt, ist in der Lage, Zeitmanagement zu betreiben. Wenn Sie nicht genau wissen, was Sie erreichen wollen, vergeuden Sie Ihre kostbare Zeit mit allen möglichen Dingen. So vergeht die Zeit, und Sie kommen keinen wesentlichen Schritt voran.

«Was ist schon ein Tag im Leben?», so sagen wir doch oft und vergessen dabei, daß die Summe der Kleinigkeiten das Ganze ausmacht. Den konkreten Zeitverbrauch spüren wir hautnah bei der Mikroeinheit «Tag». Hier fehlen uns am Ende ein oder zwei Stunden, die sich dann im Monat auf zwei und mehr fehlende Tage aufsummieren. Deshalb ist es ganz wichtig, den Tag als Ziel- und Zeiteinheit richtig zu handhaben. Das Motto könnte also heißen: *«Machen Sie mehr aus Ihrem Tag!»*. Dazu möchten wir Ihnen jetzt einige praktische Anregungen vermitteln.

Kennen Sie Ihren typischen Tagesablauf?

Wesentliche Voraussetzung für eine gute Tagesplanung ist die Kenntnis Ihres typischen Arbeitstages. Hier liegen enorme Reserven, weil wir uns gar nicht direkt bewußt machen, was wir täglich so alles tun. Nehmen Sie deshalb das in Bild 2.6 dargestellte Formular «Tägliche Zeit- und Tätigkeitsanalyse», und notieren Sie mindestens zwei Wochen lang, was Sie wirklich tun.

1. Schreiben Sie die Tätigkeiten genau auf und auch den Gesprächspartner.
2. Kennzeichnen Sie, was Sie als Störung empfinden.
3. Unterscheiden Sie auch, ob Sie selbst die Tätigkeit initiiert und bestimmt haben oder ob andere Personen über Ihre Zeit verfügt haben (Anrufe, Einladungen, Besuche, Besprechungen usw.)
4. Bewerten Sie ferner jede Tätigkeit nach den aufgeführten ABC-Kategorien, damit Sie genau feststellen können, wieviel Prozent Ihrer kostbaren Zeit Sie auf Wichtiges und Unwichtiges verwenden.
5. Aus der Summe der fremdbestimmten Zeit erhalten Sie einen Tagesrichtwert für «Unvorhergesehenes». Im allgemeinen gilt hier

Tägliche Zeit- und Tätigkeitsanalyse   Datum: _____

Uhrzeit	Tätigkeitsbeschreibung: Genau auflisten, was getan wurde. Gesprächspartner nennen. Störung Kennzeichnen	Stö-run-gen	durch mich ver-anlaßte Zeit in Min.	von außen ver-anlaßte Zeit in Min.	Priorität A/B/C	Bewertung: War diese Arbeit nötig? War diese Arbeit delegierbar? Gibt es Möglichk. zur Verbesserung?
06.30—07.00						
07.00—07.30						
07.30—08.00						
08.00—08.30						
08.30—09.00						
09.00—09.30						
09.30—10.00						
10.00—10.30						
10.30—11.00						
11.00—11.30						
11.30—12.00						
12.00—12.30						
12.30—13.00						
13.00—13.30						
13.30—14.00						
14.00—14.30						
14.30—15.00						
15.00—15.30						
15.30—16.00						
16.00—16.30						
16.30—17.00						
17.00—17.30						
17.30—18.00						
nach 18.00						

Auswertung des Zeitverbrauchs: Summe:

Priorität A = _____ min = _____ %

    B = _____ min = _____ %

    C = _____ min = _____ %

Summe   = _____ min. = _____ %

durch mich = ____ %   von anderen = ____ %

Priorität A = sehr wichtig + sehr dringend

Priorität B = wichtig + nicht dringend

    oder

    sehr dringend + weniger wichtig

Priorität C = unwichtig + nicht dringend

Bild 2.6   Arbeitsblatt für die Zeit- und Tätigkeitsanalyse

die 60-40-Regel, das heißt, Sie können maximal 60% Ihres Tages fest verplanen. Der Rest muß frei bleiben für Unvorhergesehenes.
6. Vergessen Sie auch nicht, die täglich wiederkehrenden Tätigkeiten aufzuschreiben, denn die sogenannten «Konstanten» machen in der Summe manchmal viel aus.
7. Nach der Auswertung Ihrer zweiwöchigen Aufzeichnungen sollten Sie folgende Fragen beantworten:

☐ Welche Tätigkeit war unnötig?
☐ Was kann ich an andere delegieren?
☐ Was ist zu rationalisieren/vereinfachen?

Arbeiten Sie nach Ihrer persönlichen Leistungskurve?

Die menschliche Leistungsbereitschaft ist über den Tag gesehen keine konstante Größe. Die allseits bekannte «Mittagsmüdigkeit» ist nur ein Beispiel dafür. In Bild 2.7 sehen Sie die Normkurve der physischen Leistungsbereitschaft im Tagesablauf. Diese Kurve muß nicht mit Ihrer persönlichen Leistungskurve übereinstim-

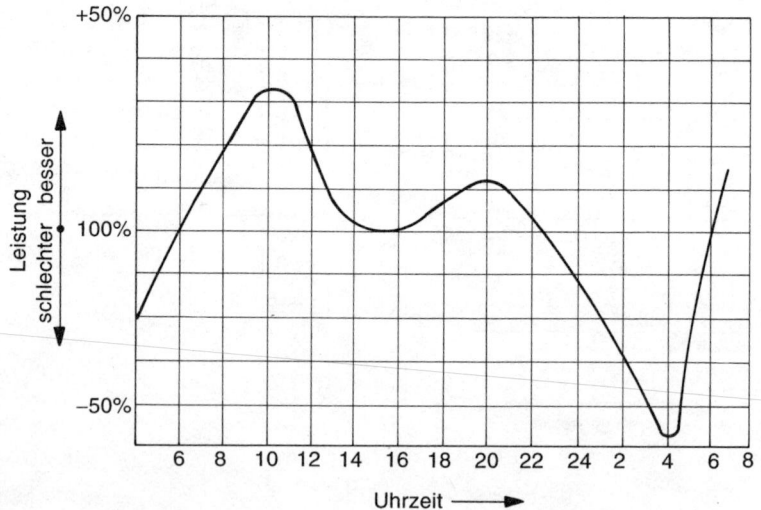

Bild 2.7 Normkurve der physischen Leistungsbereitschaft

54

men. Ermitteln Sie deshalb Ihre Kurve selbst, indem Sie eintragen, wo Ihre Leistungstiefs und -hochs liegen. Die Normkurve soll dafür eine Orientierungshilfe sein.

Was aber folgt nun aus Ihrer persönlichen Leistungskurve?

1. Erledigen Sie in den Top-Phasen des Vormittags die schwierigen, wichtigen, herausfordernden A-Aufgaben, die ja Ihre wichtigsten Tageszielpunkte markieren. Vertrödeln Sie diese Zeit nicht mit Zeitunglesen.
2. Erledigen Sie im Leistungshoch des Nachmittags die B-Aufgaben.
3. Legen Sie die weniger anspruchsvollen, aber dennoch zu erledigenden C-Aufgaben in die Down-Phasen Ihrer Leistungskurve.

Arbeiten Sie nach Prioritäten?

«Wer sich um das Eilige kümmert, kommt nicht zum Wichtigen!»
In diesem Satz spiegelt sich viel von unserer Alltagsrealität wider.

Aufgaben werden «dringlich» gemacht. Manche Menschen beherrschen dies in Perfektion. Sie meinen, daß nur sie mit ihren Anliegen dringlich wären. Lassen Sie sich deshalb nicht aus der Ruhe bringen und entscheiden Sie nach Ihren Prioritäten. Die Prioritätenmatrix in Bild 2.8 soll Ihnen dabei helfen.

Zur Einschätzung der Dringlichkeit wird der Zeitfaktor herangezogen. Die Bedeutung/Wichtigkeit einer Handlung bzw. einer Aufgabe können Sie anhand folgender Fragen einschätzen:

1. Welche unmittelbaren Auswirkungen hat die Angelegenheit vermutlich auf Mitarbeiter, Kunden, Hilfsmittel, meine Ziele usw.?
2. Werden weitere Probleme hervorgerufen?

Aus der Kombination der beiden Dimensionen in der Matrix ergibt sich dann sehr schnell sowohl der Aufgabentyp (A, B oder C) als auch das, was zu tun ist.

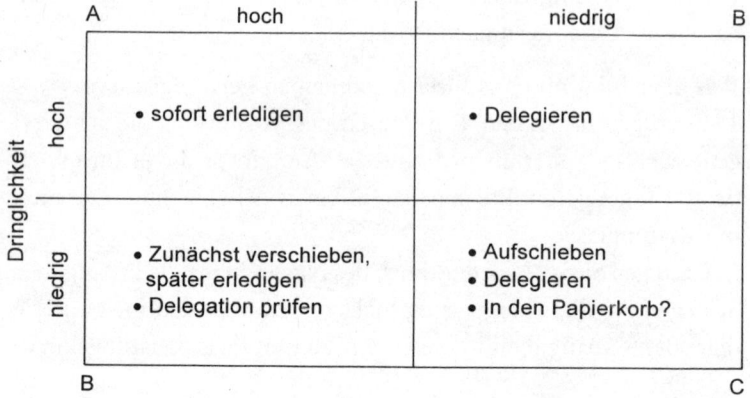

Bild 2.8 Matrix zur Bestimmung der Aufgabenpriorität

Schätzen Sie Ihren Zeitbedarf richtig ein?

Passiert es Ihnen oft, daß Sie mehr Zeit für eine Aufgabe benötigen, als Sie gedacht haben? Wenn ja, dann wäre es wichtig für Sie, Ihre Zeitbedarfsschätzung zu verbessern, da sonst die Tagespläne ständig durcheinandergeraten.

Der häufigste Fehler beim Zeitschätzen besteht darin, nur die *Durchführungszeit* für eine Aufgabe anzusetzen. Tatsächlich müßte aber die *Soll-Zeit* angesetzt werden, die sich aus folgenden Zeitkomponenten zusammensetzt:

$$\left.\begin{array}{l}\text{Vorbereitungszeit}\\\text{Durchführungszeit}\\\text{Nachbereitungszeit}\end{array}\right\} = \boxed{\text{Soll-Zeit}}$$

Wichtig ist also die Soll-Zeit für eine Aufgabe. Allgemein gilt, daß Ihre Zeiteinschätzung in dem Ausmaß an Präzision zunimmt, wie Sie die Aufgabe in Teilaufgaben zerlegen. Schreiben Sie deshalb auch die scheinbar unwichtigen zwei Minuten hier und da auf, denn auch die summieren sich.

Eine weitere Möglichkeit, zu einer genaueren Zeitschätzung zu kommen, besteht in der Anwendung der *Optimismus-Pessimismus-Formel*. Sie bestimmen einfach den günstigsten und ungünstigsten Wert, addieren beide und teilen die Summe durch 2. Dazu ein Beispiel:

$$\text{Soll-Zeit} = \frac{40 \text{ Min.} + 70 \text{ Min.}}{2} = 55 \text{ Min.}$$

Richtige Zeiteinschätzung ist vergleichbar mit einer richtigen Kostenschätzung. Sie kämen wahrscheinlich nicht auf den Gedanken, ein Haus zu bauen, ohne sich ein genaues Bild von den zu erwartenden Kosten zu machen. Mit der Zeiteinschätzung hingegen geht man viel unbedarfter um, obwohl fast jeder weiß: *Zeit ist Geld!*

Sind Sie auch in scheinbar «kleinen Dingen» konsequent?

Amerikanische Zeitmanagement-Forscher haben herausgefunden, daß wir 2 Jahre unseres Lebens vergeblich damit verbringen, Gesprächspartner ans Telefon zu bekommen. Diese Quote kommt u.a. dadurch zustande, daß man «ins Blaue» hinein anruft und nachher feststellt, daß etwas vergessen wurde. Jetzt wählt und wählt und wählt man.

Dabei ist Abhilfe so leicht: Schreiben Sie sich vor jedem Gespräch die Fragen auf, die Sie besprechen wollen. Legen Sie diesen Zettel so an, daß genügend Platz zwischen den Fragen ist, um Notizen machen zu können. Die Zusammenstellung der Frageliste kostet nur 2 Minuten, das Hinterhertelefonieren meist erheblich mehr.

Haben Sie es sich auch schon zu eigen gemacht, gleichartige Tätigkeiten in Arbeitsblöcken zusammenzufassen? Oder arbeiten Sie wie folgt: Telefonieren – abheften – diktieren – kopieren – telefonieren – diktieren usw.?

Mit der sogenannten *Blockzeittechnik* sparen Sie immense Rüstzeiten. Sie erledigen gleichartige Tätigkeiten sozusagen «am Stück». Das hat z.B. den erheblichen Vorteil, daß Sie in Übung kommen und mehr erledigen. Wenn Sie «Blöcke» bilden, wird auch Ihre Zeitschätzung realistischer. Sie können außerdem gezielt die Down-Phasen Ihrer Arbeitskurve für die weniger anspruchsvollen «Blöcke» nutzen.

Können Sie *taktvoll NEIN sagen*, wenn jemand etwas von Ihnen will und Sie wirklich keine Zeit haben? Vielen Menschen fällt das nämlich sehr schwer. Sie lassen sich entweder breitschlagen oder werden aggressiv. Lernen Sie deshalb, gezielt NEIN zu sagen, und fragen Sie den Partner ruhig, welches Ziel er anstrebt, wofür er Ihre Information benötigt. Scheuen Sie sich auch nicht, Ihre Bürotüre zuzumachen. Ihre Mitarbeiter sollten dann aber folgende Regel kennen: Türe zu = bitte keine Störung; Türe auf = ansprechbar. Management der «offenen Tür» bedeutet nicht, jederzeit für jeden greifbar zu sein. Wenn Sie in diesen kleinen Dingen konsequent sind, gewinnen Sie viel Zeit für die wichtigen Ziele Ihrer Arbeit.

Teilen Sie Ihren Arbeitstag im voraus sinnvoll ein?

Gut vorbereitet ist halb gewonnen! Dieser Satz gilt ganz sicher für die Tagesplanung. Sie sollten sich grundsätzlich am Abend eines Arbeitstages 5 bis 10 Minuten Zeit nehmen, um den abgelaufenen Tag nachzubereiten und den folgenden Tag vorzubereiten. Somit fließen Kontrolle und Zielsetzung ineinander.

Vergleichen wir die Tagesplanung einmal mit der Inbetriebnahme eines PCs. Hier schalten Sie ja auch nicht einfach den Strom ein und beginnen zu arbeiten. Vielmehr sind Programmaufruftasten zu drücken, Disketten einzuspielen, Menüs auszuwählen usw. Und genauso verhält es sich mit der Tagesplanvorbereitung: *Sie brauchen eine klare Programmstruktur*, bevor Sie zu arbeiten beginnen.

Diese Programmstruktur umfaßt die Zeitschätzung für Ihre Aufgaben, die richtige Prioritätensetzung, die Beachtung der Blockzeit-Technik, die Formulierung von unbedingt zu erreichenden Tageszielen usw. Wer meint, daß er dies alles im Kopf behalten kann, hat sich den dafür denkbar schlechtesten Aufbewahrungsort ausgesucht.

Denken ist Schreiben, und Vordenken ist billiger als Nachdenken. Ihre Tagesplanung muß deshalb schriftlich vorab erfolgen. Und noch etwas ist wichtig: *Der Mensch braucht täglich etwas zum Abhaken!* Wenn Sie sich am Ende eines Tages fragen, was Sie eigentlich gemacht haben, dann ist dies sicherlich auch darin begründet, daß Sie keine schriftliche Tagesprogrammstruktur haben. Somit berauben Sie sich der Möglichkeit, sich selbst Erfolgserlebnisse zu schaffen – täglich!

Wir behalten die unerledigten Aufgaben besser als die erledigten und sind deshalb oft unzufrieden mit uns selbst. Das Abhaken des Erledigten sorgt hier für Ausgewogenheit, indem es eine *positive Selbstverstärkung* bewirkt. Die komplette Tagesplanbearbeitung umfaßt folgende Schritte:

1. Planen Sie am Abend den folgenden Tag.
2. Lesen Sie sich zu Beginn des neuen Tages Ihre Tagesprogrammstruktur durch.
3. Machen Sie eine Mittagsbilanz.
4. Setzen Sie sich immer ein Tagesziel, das Sie unbedingt erreichen müssen – komme was wolle!
5. Machen Sie am Abend Ihre tägliche Erfolgskontrolle.
6. Überlegen Sie sich, wie Sie die eventuell unerledigten Tagesaufgaben behandeln wollen.

Gute Zeitplanbücher verfügen über entsprechend differenziert aufgebaute Tagesplanungsformulare. Und nur mit einer gut strukturierten «Hardware» kann man Ziel-Zeit-Management erfolgreich betreiben. Solche Bücher sind nicht gerade billig, aber auf Dauer eine lohnende Investition.

Wehren Sie sich erfolgreich gegen Ihre Zeitdiebe?

Bei einem Diebstahl merkt man erst hinterher, daß etwas fehlt. Genauso verhält es sich bei den Zeitdieben. Uns fehlt plötzlich Zeit. Wer hat sie uns gestohlen? Auf welche Art und Weise ist uns «unsere Zeit» abhanden gekommen? Solange Sie sich als Bestohlener – als Opfer – betrachten, können Sie wenig tun. Wehren Sie sich deshalb gegen die Zeitdiebe!

	stimmt			
	immer	häufig	gele-gentlich	so gut wie nie
Ich will am liebsten alles selber machen und delegiere zu wenig.				
Ich habe keine klaren Ziele.				
Ich werde häufig vom Telefon gestört und die Gespräche sind zu lang.				
Ich kann nicht NEIN sagen.				
Ich arbeite nicht nach klaren Prioritäten.				
Ich schiebe gerne Aufgaben vor mir her, fange mehrfach an oder beende Aufgaben nicht.				
Besprechungen dauern zu lange und sind zu wenig ergebnisorientiert.				
Ich lasse mich oft durch Besucher stören.				
Ich habe Unordnung auf meinem Schreibtisch. Mir fehlt die Übersicht über den «Papierkram».				
Ich plane meinen Tag nicht richtig und bin ständig unter Zeitdruck.				

Tabelle 2.6   Die 10 wichtigsten Zeitdiebe

Warum sind Sie immer für jeden zu sprechen? Warum erledigen Sie die Kleinigkeiten mal eben schnell selbst? Warum empfangen Sie unangemeldete Besucher? Warum arbeiten Sie planlos in den Tag hinein?

Zeitdiebe kommen sicherlich auch von außen, aber meist sind wir durch unser Verhalten selbst der größte Zeitdieb. Und damit Sie sich gezielt gegen Ihre Zeitdiebe wehren können, haben wir die 10 wichtigsten aufgelistet. Schätzen Sie anhand von Tabelle 2.6 am besten gleich mal ein, was auf Sie zutrifft.

Schauen Sie sich jetzt Ihr Ergebnis einmal in Ruhe an und wählen dann drei Zeitdiebe aus, gegen die Sie sich ab heute erfolgreich wehren wollen, damit Ihre kostbare Zeit zur Erreichung von Zielen verfügbar ist.

Die ausgewählten drei Zeitdiebe tragen Sie in das in Tabelle 2.7 abgebildete Formular ein. Dann sammeln Sie zunächst alle denkbaren Ursachen, die für das Auftreten der 3 Zeitdiebe in Frage kommen. Anschließend schreiben Sie alle Lösungsideen auf, die sinnvoll sind und zu Ihnen passen, um die Zeitdiebe zukünftig abwehren zu können.

Was ich ab heute tun werde, um meine augenblicklich drei größten Zeitdiebe zu fassen:		
Zeitdieb	Ursachen für das Auftreten	Ideen für Lösungen

Tabelle 2.7 Analyse der Zeitdiebe

Zusammenfassend hier noch einmal die 10 wichtigsten Tips für einen besseren Umgang mit der Zeit, denn Zeitverschwendung bedeutet unweigerlich Zielverlust.

Zehn Tips für effektives Zeitmanagement

Wenn Sie mehr aus Ihrer Zeit machen wollen, dann halten Sie sich möglichst oft an folgende Tips:

1. Setzten Sie in Ihrer Arbeit Prioritäten.
2. Erledigen Sie Unangenehmes sofort. (Nicht auf die «lange Bank» schieben!).
3. Nutzen Sie Ihre Top-Tagesphase für die wichtigen A-Aufgaben.
4. Arbeiten Sie nach der «Blockzeit-Technik».
5. Schätzen Sie regelmäßig den Soll-Zeitbedarf.
6. Machen Sie am Vorabend die Programmstruktur für den folgenden Tag.
7. Planen Sie IhrenTag nach der 60-40-Regel. Höchstens 60% verplanen, mindestens 40% für Unvorhergesehenes offen lassen.
8. Legen Sie gezielt Pausen ein.
9. Machen Sie immer eine «Tageszielbilanz». Der Mensch braucht etwas zum «Abhaken»!
10. Schreiben Sie vor Telefongesprächen und Besprechungen wichtige Fragen auf, damit Sie schnell zum Wesentlichen kommen.

Sollten Sie das alles dennoch für «graue Theorie» halten, dann machen Sie einfach so weiter wie bisher – besser noch: befolgen Sie strikt die 7 Tips zur absolut sicheren Zeitverschwendung:

1. Arbeiten Sie blind drauflos, das macht das Leben spannend und sorgt für Turbulenzen.
2. Schieben Sie Unangenehmes ruhig auf die «lange Bank», das erhöht den Leidensdruck so wirksam.
3. Setzen Sie sich bloß keine Ziele, Sie könnten ja sonst meßbar werden.
4. Machen Sie auf keinen Fall einen Tagesplan, denn so ist sichergestellt, daß Sie von anderen «gearbeitet» werden.
5. Packen Sie sich grundsätzlich den Tag voll – plus 20% mehr.

6. Machen Sie keine Pausen – auch mittags nicht -, denn so holen Sie glatt 45 Minuten heraus.

7. Arbeiten Sie an mehreren Dingen gleichzeitig, denn so erhalten Sie die Spannung aufrecht, ob Sie überhaupt etwas zu Ende bringen.

Die Situationsanalyse – Radar für Turbulenzen

Persönliches Zielmanagement bedeutet, gleichermaßen mit den Altlasten der Vergangenheit, dem akuten Alltagsdruck und den stetig steigenden Zukunftsanforderungen fertig zu werden.

Und es gehört zum Arbeitsalltag im Unternehmen, daß sich die Umwelt nicht immer so verhält, wie es unseren Erwartungen entspricht. Neben den von uns geplanten Aktivitäten kommen viele ungeplante Dinge auf uns zu.

Die Vielfalt der äußeren Einflußmöglichkeiten, die von Mitarbeitern, Kunden, der Konkurrenz, Fehlabläufen usw. ausgehen können, verknappen die verfügbare Zeit. Das führt oft dazu, notwendige Entscheidungen herauszuschieben, Ziele nicht konsequent genug zu kontrollieren und zu verfolgen, Verbesserungen von Abläufen zu vertagen und so fort. Die Frage lautet deshalb: Wer steuert wen – der Alltag Sie oder Sie den Alltag?

Sie wissen selbst, daß nicht alles wichtig ist, was an Sie herangetragen wird. Und um bei knappen Zeiten wirkungsvoll die gesteckten Ziele erreichen zu können, braucht man ein Radar für die Orientierung in unklaren, turbulenten Situationen. In unserem Fall heißt dieses Radar *Situationsanalyse* [27].

Mit der Situationsanalyse beantworten Sie die Frage: «Was muß ich als Führungskraft in einer gegebenen Situation tun, damit meine wichtigsten Ziele erreicht werden?»

Als Ergebnis erhalten Sie Auskunft darüber, wo von Ihnen unternehmerisches Handeln gefordert ist, wo Sie ansetzen müssen, um eine erfolgreiche Zielumsetzung zu gewährleisten.

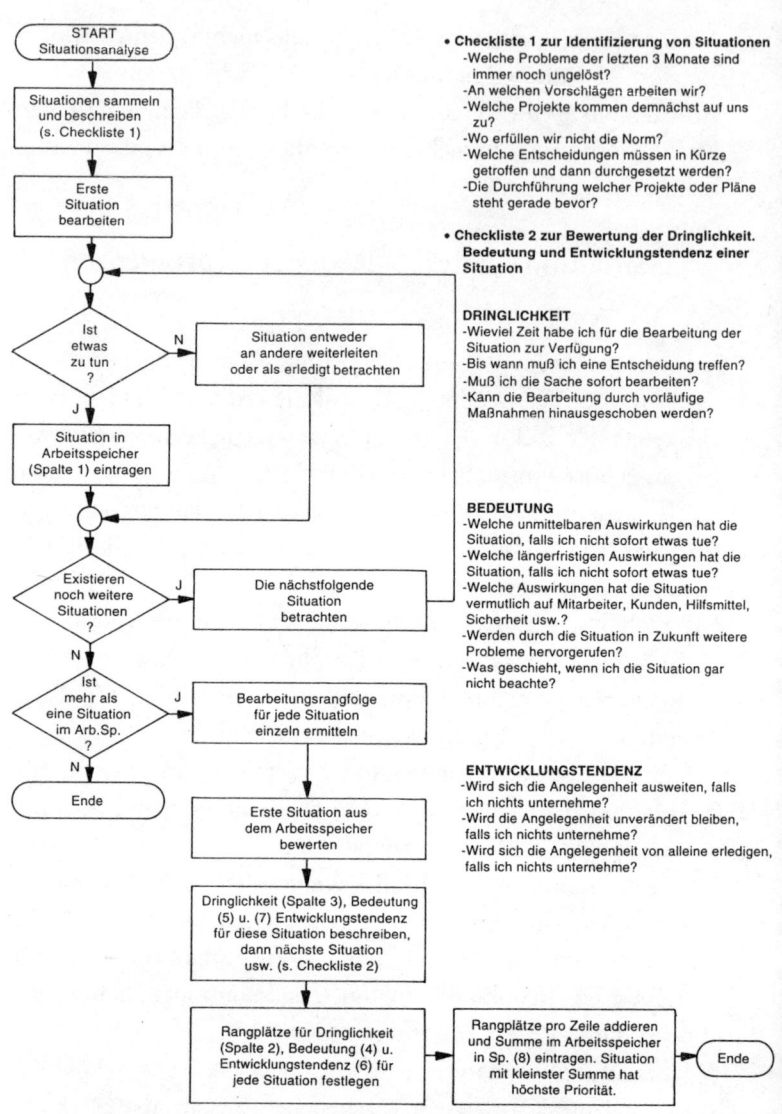

START
Situationsanalyse

Situationen sammeln und beschreiben (s. Checkliste 1)

Erste Situation bearbeiten

Ist etwas zu tun ?
— N → Situation entweder an andere weiterleiten oder als erledigt betrachten

J

Situation in Arbeitsspeicher (Spalte 1) eintragen

Existieren noch weitere Situationen ?
— J → Die nächstfolgende Situation betrachten

N

Ist mehr als eine Situation im Arb.Sp. ?
— J → Bearbeitungsrangfolge für jede Situation einzeln ermitteln

N

Ende

Erste Situation aus dem Arbeitsspeicher bewerten

Dringlichkeit (Spalte 3), Bedeutung (5) u. (7) Entwicklungstendenz für diese Situation beschreiben, dann nächste Situation usw. (s. Checkliste 2)

Rangplätze für Dringlichkeit (Spalte 2), Bedeutung (4) u. Entwicklungstendenz (6) für jede Situation festlegen

Rangplätze pro Zeile addieren und Summe im Arbeitsspeicher in Sp. (8) eintragen. Situation mit kleinster Summe hat höchste Priorität.

Ende

- **Checkliste 1 zur Identifizierung von Situationen**
  - Welche Probleme der letzten 3 Monate sind immer noch ungelöst?
  - An welchen Vorschlägen arbeiten wir?
  - Welche Projekte kommen demnächst auf uns zu?
  - Wo erfüllen wir nicht die Norm?
  - Welche Entscheidungen müssen in Kürze getroffen und dann durchgesetzt werden?
  - Die Durchführung welcher Projekte oder Pläne steht gerade bevor?

- **Checkliste 2 zur Bewertung der Dringlichkeit. Bedeutung und Entwicklungstendenz einer Situation**

DRINGLICHKEIT
- Wieviel Zeit habe ich für die Bearbeitung der Situation zur Verfügung?
- Bis wann muß ich eine Entscheidung treffen?
- Muß ich die Sache sofort bearbeiten?
- Kann die Bearbeitung durch vorläufige Maßnahmen hinausgeschoben werden?

BEDEUTUNG
- Welche unmittelbaren Auswirkungen hat die Situation, falls ich nicht sofort etwas tue?
- Welche längerfristigen Auswirkungen hat die Situation, falls ich nicht sofort etwas tue?
- Welche Auswirkungen hat die Situation vermutlich mit Mitarbeiter, Kunden, Hilfsmittel, Sicherheit usw.?
- Werden durch die Situation in Zukunft weitere Probleme hervorgerufen?
- Was geschieht, wenn ich die Situation gar nicht beachte?

ENTWICKLUNGSTENDENZ
- Wird sich die Angelegenheit ausweiten, falls ich nichts unternehme?
- Wird die Angelegenheit unverändert bleiben, falls ich nichts unternehme?
- Wird sich die Angelegenheit von alleine erledigen, falls ich nichts unternehme?

Bild 2.9 Ablaufdiagramm «Situationsanalyse»

1 Situation	2 Rangplatz →	3 Dringlichkeit →	4 Rangplatz →	5 Bedeutung Ä	6 Rangplatz →	7 Entwicklungstendenz Ä	8 Zeilensumme der Rangplätze
Info von Vorgesetztem ist unbefriedigend	1	sofort	1	Motivation sinkt	1	Klima in der Abteilung wird schlechter	3
Abonnentenzahl liegt unter Plan	3	2 Wochen	3	Soll wird nicht erreicht	3	Jahresziel wird nicht erreicht	9
Mitarbeitergespräch mit Frau Harte führen	2	1 Woche	1	Es passieren zu viele Fehler	2	Abteilung muß zuviel mit auffangen	5
DTP-Schulung für Abteilung	4	2 Monate	4	Nur 1 MA weiß damit umzugehen	3	Bei Ausfall des MA Fremdvergabe, dadurch Kostensteigerung	11
Einheitl. Auftritt für «Special» schaffen	4	6 Wochen	4	kein C.I. erkennbar	4	Verwirrung im Handel steigt	12
Arbeitsplatzanalyse für alle MA durchführen	1	3 Monate	1	MA-Qualifikation erkennen, Zuständigkeiten unklar	1	Fehlerhäufigkeit steigt zu stark, u.U. Kündigung von MA	3
Entscheidung «Virus» muß erfolgen	3	1 Woche	2	Frust wird erzeugt	3	Identifikation mit neuem Objekt fehlt	8

Tabelle 2.8   Praxisbeispiel einer Situationsanalyse

Damit Sie nun möglichst schnell das neue «Radargerät» für die eigene Situation nutzen können, finden Sie in Bild 2.9 das Ablaufdiagramm «Situationsanalyse» und ein Praxisbeispiel «Situationsanalyse» (Tabelle 2.8), das von einer Abteilungsleiterin erstellt wurde.

Anhand der erfolgten Situationsanalyse kann die Abteilungsleiterin jetzt zielorientiert Aktivitäten einleiten. Sie hat die für sie relevanten Situationen sorgfältig über die drei Dimensionen «Dringlichkeit», «Bedeutung» und «Entwicklungstendenz» abgewägt und mit Rangplatzziffern bewertet, so daß jetzt in Spalte 8 eine klare Handlungsanforderung erkennbar wird.

Es kommt in der Praxis öfter vor, daß Situationen die gleiche Rangplatzsumme aufweisen. Sie sollten dann auf keinen Fall versuchen, nachträglich einen numerischen Unterschied zu konstruieren. Wenn Sie vorher gut abgewägt haben, dann ist es halt so. Wir möchten zur Erleichterung noch einige Hinweise zur Durchführung der Situationsanalyse geben.

1. Sie orientieren sich an den Fragen der Checkliste 1 in Bild 2.9, um Anregungen hinsichtlich der zu bearbeitenden Themen, Probleme und Fragestellungen zu bekommen.
Was von diesen Punkten nach Prüfung der Frage «Ist etwas zu tun?» positiv beantwortet wird, wird in das Arbeitsblatt Situationsanalyse in Spalte 1 eingetragen.
Diesen Vorgang wiederholen Sie so oft, bis keine Situation mehr verfügbar ist.
2. Im nächsten Schritt beschreiben Sie die einzelnen Situationen, und zwar für jede Situation nacheinander. Zuerst nach Dringlichkeit, Bedeutung und zuletzt nach Entwicklungstendenz (Checkliste 2).
Je konkreter Sie arbeiten, um so leichter gestaltet sich im Anschluß daran die Bewertung der Situation mit Rangplatzziffern. Am Ende dieses Arbeitsschrittes haben Sie nur Text und noch keine Zahlen im Arbeitsblatt stehen.

3. Sie vergeben jetzt für alle Situationen getrennt nach den drei Bewertungskriterien «Dringlichkeit», «Bedeutung» und «Entwicklungstendenz» Rangplatzziffern.

Die Anzahl der Rangplätze richtet sich nach der Anzahl der Situationen. Bei zum Beispiel 8 Situationen können Sie Rangplätze von 1 bis 8 vergeben, wobei 1 höchste Priorität bedeutet.

Rangplätze können mehrfach vergeben werden. Denken Sie aber bitte daran, daß Sie anschließend noch eine brauchbare Differenzierung erhalten. Also nicht zu häufig die 1 oder 2 vergeben.

4. Durch Addition der Rangplätze pro Zeile erhalten Sie die Summe für jede Situation im Arbeitsspeicher. Je niedriger die Summe, desto höher ist die Priorität der Situation.

5. Wie oft eine Situationsanalyse durchzuführen ist, hängt vom Arbeitsplatz ab. Sie können das wöchentlich, vierzehntägig oder monatlich tun.

6. In die Situationsanalyse kommen keine Standard- und Routineaufgaben oder terminkonstante Aufgaben (Lohnabrechnung usw.).

Zielorientiert Entscheidungen treffen

Eines der kennzeichnenden Merkmale unseres Menschseins ist die Tatsache, daß wir lebenslang in Entscheidungsprozessen stehen. Das gilt für die kleinen, schon fast gewohnheitsmäßigen Entscheidungen des Alltags ebenso wie für die bewußter wahrgenommenen und erlebten großen Entscheidungen im Leben.

Täglich entscheiden Sie, wann Sie aufstehen, was Sie essen und trinken, was Sie bearbeiten oder liegenlassen, wen Sie anrufen – und Sie entscheiden auch, ob Sie eine Entscheidung treffen wollen oder nicht.

Sie alle kennen das Bild des Menschen, der an einem Scheideweg steht. Er muß entscheiden. Selbst wenn er nichts tut, so bedeutet dies in der konkreten Situation eine Entscheidung. Die Freiheit, entscheiden zu können, ist der Wesenskern der Freiheit schlechthin. Sie umfaßt aber gleichzeitig auch die Übernahme von Verantwortung für sich selbst und andere. Nicht zuletzt deshalb haben viele Menschen Angst vor Entscheidungen. Sie spüren die Verantwortung, das Risiko und auch die Tatsache, daß sie im Moment der Entscheidung die Alternative verloren haben – zumindest für eine gewisse Zeit.

Sicherlich gibt es Entscheidungen, die wir leicht treffen, weil wir sicher sind in bezug auf die zu erwartenden Konsequenzen. Aber bei vielen Entscheidungen sind wir unsicher, was ja nichts anderes bedeutet, als daß wir nicht genau wissen, wie wahrscheinlich das Eintreffen erwarteter Konsequenzen ist.

Keine Versicherung der Welt versichert Ihre Entscheidungen. Führungskräfte tragen deshalb immer das Risiko einer schlechten Entscheidung. Und um es gleich vorweg zu sagen: *Führungskräfte mit einer Vollkasko-Mentalität sind auf Dauer der Tod eines Unternehmens,* denn sie entscheiden entweder gar nicht oder zu spät oder schlecht.

Eine ebenso häufig anzutreffende Ursache für Entscheidungsunsicherheit ist im Fehlen eines klaren Entscheidungszielbildes zu sehen. Bei vielen Entscheidungen im Unternehmen einigt man sich vorher nicht auf ein einheitliches Zielbild. Vielmehr gestaltet jeder sein privates Zielbild, nach dem dann – oftmals verdeckt – entschieden wird.

KIRSCH stellt folgende Behauptung auf: «Je mehr eine Mittelentscheidung einer Organisation die Machtverteilung beeinflußt, desto weniger sind die am politischen System Beteiligten bereit, sich aus Anlaß und zum Zweck der Bestimmung dieser Mittelentscheidung auf ein Zielsystem der Organisation zu einigen». [28]

Wunsch und Wirklichkeit scheinen in bezug auf Entscheidungen oftmals sehr weit auseinander zu liegen.

Über lange Jahre hinweg wurde in der betriebswirtschaftlichen Entscheidungslehre unterstellt, daß ein Entscheider auf der Basis einer «gut-definierten» Situation entscheidet, es also im wesentlichen darum gehe, die Wahl zwischen mindestens zwei Alternativen so zu optimieren, daß ein größtmöglicher Zweckerfolg erreicht wird.

Die Praxis sieht hingegen überwiegend so aus,

☐ daß schlecht definierte Situationen vorliegen, d.h., daß Handlungsmöglichkeiten, Ereignisse und Konsequenzen erst zusammengestellt werden müssen und fast nie komplett verfügbar sind,

☐ daß die Informationsflut zu einem so großen Strom angeschwollen ist, daß man darin unterzugehen droht,

☐ daß die Fähigkeit des Entscheiders, große Datenmengen, sich widersprechende Infos, mehrere Lösungsmöglichkeiten usw. verarbeiten zu können, in erheblichem Maß darüber bestimmt, ob ein anspruchsvolles Entscheidungsverfahren gewählt wird oder nicht,

☐ daß der Zeitdruck bei Entscheidungen meist hoch ist und deshalb intensive Such- und Bewertungsprozesse eher vermieden werden oder gar nicht möglich sind.

Die moderne, verhaltenspsychologisch orientierte Entscheidungsforschung [29, 30] zeigt daher hinsichtlich des Entscheidungsverhaltens folgende wichtige Faktoren auf:

1. Der Mensch hat nur eine beschränkte Informationsverarbeitungskapazität. Sein Informationssystem ist lückenhaft.
2. Der Entscheider strebt oft gar keine vollständige Analyse der Entscheidungssituation an, sondern gibt sich mit einer kleinen Zahl von Alternativen zufrieden.
3. Es werden zwar optimale Lösungen grundsätzlich gewünscht, aber der Entscheider gibt sich mit befriedigenden Lösungen zufrieden. Er setzt ein eher mittleres Anspruchsniveau als Meßgröße.
4. Bei der Suche nach Entscheidungsalternativen wird zunächst die Nähe des gegenwärtigen Zustandes bzw. der zuletzt realisierten Alternative gesucht.

5. Passen bestimmte Informationen nicht zu den Normen oder Einstellungen des Entscheiders, so werden sie oft nicht zur Kenntnis genommen oder so lange uminterpretiert, bis sie passen. Informationen, die den eigenen Standpunkt bekräftigen, werden überbewertet, Gegenargumente abgewertet.

6. Der Entscheider wendet Faustregeln, Kniffe und Tricks an, um die Suchdauer für Lösungen zu verringern.

7. Bei vielen Entscheidungen spielt – abseits von rationalen Überlegungen – die «politische Dimension» erheblich mit. Führungskräfte brauchen die Unterstützung der Geschäftsleitung, anderer Abteilungsleiter, der Betroffenen usw. Entschieden wird deshalb oft danach, was «machbar» ist, und nicht danach, was «vernünftig» wäre.

Sollte Ihnen in einigen Punkten Bekanntes begegnet sein, so ist festzustellen, daß wir uns in der Realität alltäglicher Entscheidungssituationen befinden.

Vollständigkeit der Information als Entscheidungsgrundlage ist wohl eher die Ausnahme als die Regel. Leider ist aber die Hälfte aller täglichen Führungsentscheidungen von ziemlicher Komplexität. Deshalb geht es auch im nachfolgenden 4-Phasen-Modell des Entscheidungsprozesses darum, ein möglichst praktikables Verfahren zu finden, das einerseits ein hohes Maß an Sicherheit bietet, andererseits aber auch *«Unvollständigkeit als Systembestandteil»* bewußt zuläßt.

Das 4-Phasen-Modell des Entscheidungsprozesses

Wir verstehen unter einer Entscheidung eine bewußte Auswahl unter mindestens zwei vorhandenen Möglichkeiten, die zur Erreichung eines bestimmten Ziels führen soll.

Um eine gute Entscheidung zu bekommen, empfiehlt sich ein methodisches Vorgehen nach dem 4-Phasen-Modell (Bild 2.10).

1. Ein Entscheidungsprozeß wird in Gang gesetzt, wenn eine Führungskraft mit einem Problem, einer Aufgabe oder einem Konflikt konfrontiert wird.

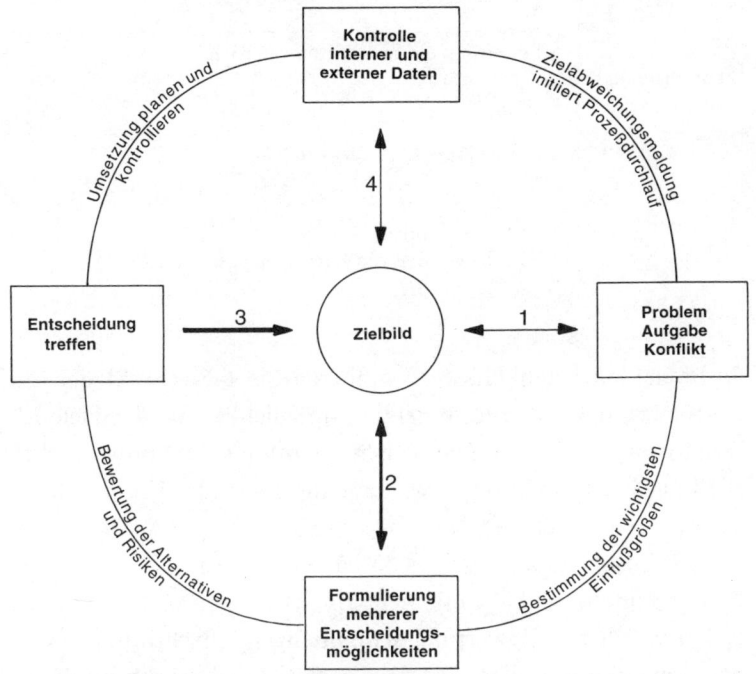

Bild 2.10   Kreislaufmodell des Entscheidungsprozesses

Die Klarheit des Zielbildes, also auf was hin konkret entschieden werden soll, bestimmt maßgeblich die Intensität der Informations- und Suchphase zur Bestimmung von Entscheidungseinflußgrößen. Diese Phase wird in der Praxis meist zu früh abgebrochen, weil Zeitdruck herrscht. Sie ist aber mit die wichtigste Phase überhaupt, weil über die Informationsqualität ursächlich auf die Entscheidungsqualität eingewirkt wird.

Sammeln Sie deshalb in der Suchphase so viele Informationen wie möglich. Strukturieren Sie diese Informationen in Form von Check- und Merkmalslisten. Entscheiden Sie dann, welche der aufgelisteten Merkmale wichtig oder unwichtig für den Sachverhalt sind. So kommen Sie zu einem bereinigten Katalog relevanter Entscheidungskriterien und in der Folge zu einem brauchbaren Entscheidungs-Zielbild.

71

Anzahl der Entscheidungs-alternativen	Bewertung der Entscheidungen nach 7 Jahren		
	schlecht	befriedigend	sehr gut
2	35%	60%	5%
3	6%	44%	50%

Tabelle 2.9
Nachbewertung von Entscheidungen

2. In der nächsten Phase formulieren Sie die Anzahl der zur Verfügung stehenden Entscheidungsmöglichkeiten. Wie viele Alternativen in den Prozeß einfließen, beeinflußt nicht unwesentlich die Entscheidungsqualität, was anhand folgender Untersuchung deutlich wird [31].

Bei 83 Entscheidungen gab es 33 Fälle mit 2 Wahlmöglichkeiten, 46 mit 3 und nur 4 Fälle mit mehr als 3 Alternativen. Sieben Jahre später wurde eine Bewertung der damaligen Entscheidungen vorgenommen, was zu dem Ergebnis gemäß Tabelle 2.9 führte.

Die Zufriedenheit mit einer Entscheidung steigt bei 3 Auswahlmöglichkeiten rapide an. Offensichtlich bedeutet dies in der Entscheidungssituation mehr Gestaltungsspielraum, das Gefühl größerer Unabhängigkeit, mehr Sicherheit und Souveränität.

Versuchen Sie deshalb möglichst oft 3 Wahlmöglichkeiten (oder noch mehr) zu finden, die dann in der Bewertungsphase zugrunde liegen.

3. In der dritten Phase ist nun die endgültige Entscheidung zu treffen. Die in der Informationsphase gesammelten Bewertungskriterien müssen jetzt bereinigt werden. Es ist zu entscheiden, was Muß-Kriterien und Wunsch-Kriterien sind. Ferner sind die Wunsch-Kriterien nach ihrer Bedeutsamkeit zu gewichten.

Wir werden diese Phase anhand eines Beispiels ausführlich darstellen, damit Sie diesen Prozeß später selbst bei anstehenden Entscheidungen problemlos nachvollziehen können.

4. In der vierten Phase steht die konkrete Umsetzung der getroffenen Entscheidung an. Dabei ist in Form einer *Tätigkeitsliste* zu

klären, wer was mit wem bis wann und mit welchem Ergebnis zu erledigen hat.

Je nachdem, wie groß der durch die Entscheidung ausgelöste Handlungsbedarf ist, wäre auch eine genaue Umsetzungsplanung mit Hilfe der *Netzplantechnik* denkbar.

Oftmals führen Entscheidungen nicht zum erwarteten Ergebnis/Ziel, weil die Umsetzungsplanung unprofessionell ist. Aus der Tatsache, daß eine Entscheidung getroffen wurde, erfolgen leider nicht automatisch Handlungen. *Erst durch die präzise Planung der Entscheidungsumsetzung wird aus dem Wollen auch Handeln.* Handlungsenergie muß organisiert werden, sie ist nicht auf Vorrat vorhanden.

In dieser vierten Phase ist auch die Ergebniskontrolle ein weiterer wichtiger Punkt. Sie müssen wissen, ob die Lösung funktioniert, ob die gewählte Alternative erfolgreich war, ob das mit der Entscheidung anvisierte Ziel erreicht wurde. Nichts geht von allein, es sei denn, bergab!

Die Kontrollfunktion ist im Sinne eines fortlaufenden Soll-Ist-Vergleichs zu sehen. Durch externe Daten (neue Erkenntnisse, Anforderungen usw.) wie durch interne Daten (Abweichungsmeldungen) können sich neue oder veränderte Zielbild-Vorstellungen entwickeln. Dann ist jeweils zu entscheiden, ob ein neuer Prozeßdurchlauf ansteht.

In der Gesamtbetrachtung des 4-Phasen-Modells ist von Bedeutung, daß die Informations- und Suchphase (1) sowie die Durchführungs- und Kontrollphase (4) in ihrer Auswirkung auf den Entscheidungserfolg in der Praxis erheblich unterschätzt werden.

Irrtum eins liegt in der Annahme einer bereits vollständig gegebenen, gut-definierten Ausgangslage für die Entscheidung; Irrtum zwei liegt in der Annahme, daß die gefällte Entscheidung eine automatische Signalwirkung für Handlungen auslöst. Daß beides nicht eintritt, ist anhand der Vielzahl «notleidender» Entscheidungen leicht festzustellen.

Wir wenden uns jetzt der Frage zu, wie die Entscheidungsfindung möglichst objektiviert gestaltet werden kann, so daß am

Ende eine Alternative gewählt wird, die Ihnen ein hohes Maß an Zielerreichung gewährleistet.

Methodisch richtig Entscheidungen treffen

Wir zeigen Ihnen am Beispiel der Entscheidung über den Kauf einer Eigentumswohnung schrittweise auf, wie der Auswahlprozeß methodisch richtig zu gestalten ist (Bild 2.11).

Anhand des Ablaufdiagramms «Entscheidungsanalyse» können Sie die einzelnen Schritte genau nachvollziehen (Bild 2.12).

Zum besseren Verständnis einige Erläuterungen zum Prozeßablauf der Entscheidungsanalyse:

1. Wir gehen davon aus, daß das Ziel klar ist und aus der Liste der in Frage kommenden Auswahlkriterien zunächst einmal die Muß-Kriterien bestimmt werden.

Muß-Kriterien müssen von allen Alternativen unbedingt erfüllt werden. Erfüllt eine Entscheidungsalternative nicht alle Muß-Kriterien, scheidet sie sofort aus. Muß-Kriterien entscheiden also darüber, wer im Spiel bleibt.

Die Anzahl der Muß-Kriterien ist gut zu überlegen. Ihre Zahl sollte nicht zu groß sein, denn bei sehr vielen Muß-Kriterien scheiden automatisch mehr Alternativen aus, weil die Wahrscheinlichkeit einfach ansteigt, daß einmal ein Kriterium nicht erfüllt wird.

2. Bei jeder Entscheidung sollen die Alternativen bestimmten Wunsch-Kriterien genügen. Die Wunsch-Kriterien sind mit einer Zahl zwischen 1 (weniger wichtig) und 10 (sehr wichtig) zu gewichten. Dabei können Gewichtungsfaktoren auch mehrfach vergeben werden. Die Anzahl der Wunsch-Kriterien kann ruhig umfangreich sein, denn dann decken Sie ein breites Spektrum an Zielaspekten ab und erhalten so ein plastisches Entscheidungs-Zielbild.

Falls Sie sich nicht entscheiden können, ob ein Kriterium in die Muß- oder Wunsch-Kategorie kommt, bietet sich die Möglichkeit, es als Wunsch-Kriterium mit Gewichtungsfaktor 10 zu versehen.

Gegenstand der Entscheidung: **Kauf einer Eigentumswohnung**

Datum: **23.6.**

Entscheidungs-alternative → Zielkriterien ↓		A_1 Berrenratherstr.	A_2 Ludwigstraße	A_3 Kölnische Str.

Muß-Kriterien				
1 max. 30 km vom Stadtkern entfernt		17 km	14 km	25 km
2 Preis bis DM 380.000,--		365.000	375.000	355.000
3				
4				

Wunsch-Kriterien	Ge-wicht	An-merkungen	Wert-zahl	G x W	An-merkungen	Wert-zahl	G x W	An-merkungen	Wert-zahl	G x W
1 ruhige Lage	10	ok.	9	90	ok. +	8	80	Halte-stelle	5	50
2 Parterre/1. Stock	9	Parterre	8	72	Parterre	10	90	1. Stock	8	72
3 5 Zimmer / 110 m^2	8	5Zi/109	8	64	5 Zi/118	9	72	4 Zi/110	5	40
4 Schule/Kindergarten max. 5 km entfernt	7	Ki 8 km	5	35	Ki 6,5km	6	42	Ki 9 km	3	21
5 Gäste-WC	6	ok.	10	60	ok.	10	60	ok.	10	60
6 separater Abstellraum	5	ok.	9	45	ok.	9	45	ok.	9	45
7 Garage u/o ein Einstellplatz	5	Garage	6	30	Garage u. E-Pl.85%	9	45	E-Platz	4	20
8										
9										
10										
11										
12										

Summe der gewichteten Wertzahlen: $\Sigma=$ **396** $\Sigma=$ **434** $\Sigma=$ **308**

Bild 2.11   Beispiel einer Entscheidungsanalyse

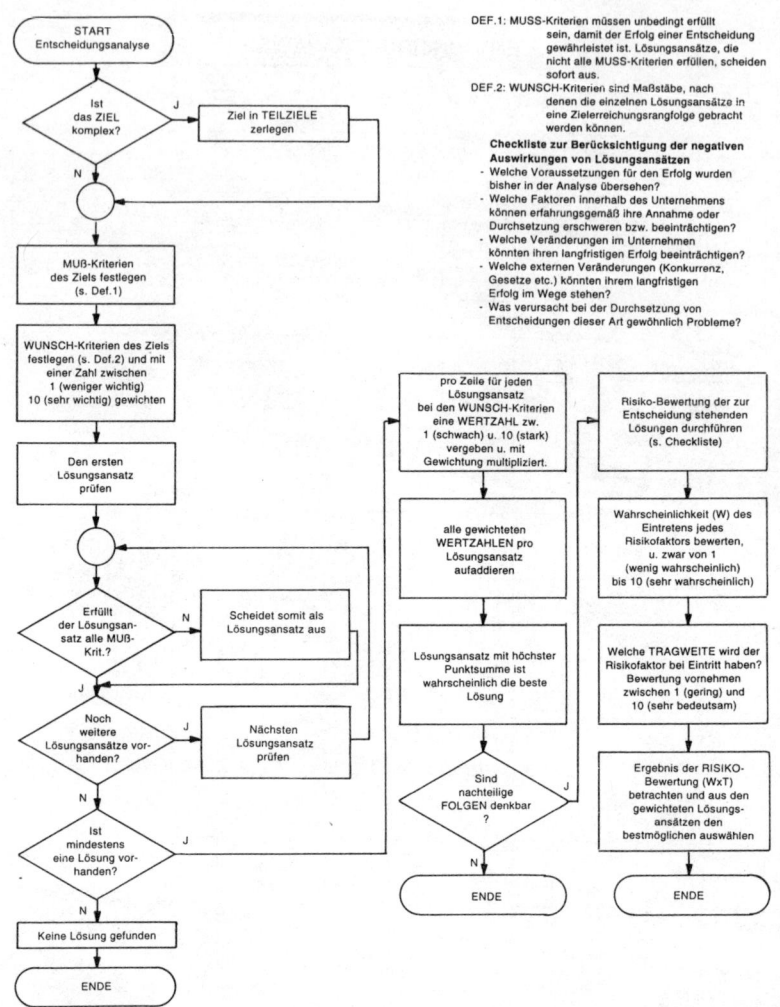

Bild 2.12 Ablaufdiagramm «Entscheidungsanalyse»

Sind alle Wunsch-Kriterien gewichtet, ist der wichtigste Schritt getan, um die Entscheidungsalternativen untereinander objektiviert und vor allem standardisiert überprüfen zu können.

Wir sind uns der Tatsache bewußt, daß in der Art und Weise, wie die Gewichtungszahlen gebildet werden, wiederum subjektive Aspekte des Entscheiders einfließen. Es ist allerdings darauf zu achten, daß die Gewichtung nicht von vornherein auf die Bevorzugung einer Alternative hin «gestrickt» wird. Deshalb sind die Wunsch-Kriterien und deren Gewichtung am besten vor der endgültigen Formulierung der Alternativen festzulegen.

3. Anhand der standardisierten Wunsch-Kriterien wird jetzt jeder Lösungsansatz, der alle Muß-Kriterien erfüllt hat, mit einer *Wertzahl* bewertet. Die Wertzahl kann wiederum zwischen 1 und 10 liegen und drückt aus, wie stark eine Alternative das Wunsch-Kriterium erfüllt, wobei eine 1 für schwachen Erfüllungsgrad steht und eine 10 für starken Erfüllungsgrad.

Innerhalb dieses Wertspektrums werden jetzt zeilenweise für jedes Wunsch-Kriterium bei allen Alternativen Wertzahlen vergeben. In der Spalte «Anmerkungen» kann stichwortartig festgehalten werden, warum Sie zu dieser Wertzahl kommen.

4. Nachdem alle Wertzahlen vergeben sind, multiplizieren Sie den konstanten Gewichtungsfaktor jedes Wunsch-Kriteriums mit den Wertzahlen und tragen das Ergebnis in der Spalte «G × W» ein. Anschließend werden alle so gewichteten Wertzahlen pro Entscheidungsalternative addiert. Anhand der dann erhaltenen Summen ist die Alternative mit der höchsten Punktzahl zu wählen. Auf diese Weise entscheiden die Wunsch-Kriterien, wer letztlich gewinnt, während die Muß-Kriterien darüber entscheiden, wer überhaupt ins Spiel kommt.

5. Es kommt vor, daß der numerische Abstand zwischen den Alternativen nicht überzeugend genug ist. Bei z.B. insgesamt 600 Punkten wären 5 Punkte ein sehr geringer Abstand. In einem solchen Fall würde dann noch einmal eine Betrachtung der Muß-Kriterien vorgenommen, um zu sehen, ob durch evtl. dort vorhandene Unterschiede einer Alternative der Vorzug zu geben ist.

Wir raten aber nicht dazu, die Muß-Kriterien von vorneherein mit einem Gewichtungsfaktor zu versehen, da dies die Analyse eher kompliziert. Nach «menschlichem Ermessen» wäre damit in einer normalen Entscheidungssituation der Prozeß beendet, und jetzt würde in Phase 4 die Umsetzungsplanung gemacht.

Nun gibt es sicherlich Entscheidungen, die in ihrer Tragweite von solch großer Bedeutung sind, daß man nicht allein anhand der Wertzahlsummen entscheiden möchte, sondern zusätzlich durch Zuhilfenahme einer Risiko-Analyse.

Entscheidungen unter Risiko

Jede Entscheidung enthält ein gewisses Risiko. «Wer nicht wagt, der nicht gewinnt», lautet das Sprichwort. *Das Risiko ist sozusagen der Preis für die Entscheidungsfreiheit.* Das Ausmaß der Risikofreudigkeit ist stark von der Person des Entscheiders abhängig. Risiko hat sicherlich auch etwas mit Glück zu tun, allerdings sollte man es in einem Unternehmen nicht so handhaben wie mit dem Risiko beim Glücksspiel. Vielmehr ist dafür Sorge zu tragen, daß das Risiko einer Entscheidung minimiert wird.

Wer bei der Risiko-Analyse methodisch richtig vorgehen will, sollte dabei folgende Schritte beachten:

1. Sie sammeln zunächst einmal anhand der «Checkliste zur Berücksichtigung negativer Auswirkungen von Lösungsansätzen» (Bild 2.12) alle wahrscheinlichen Risiken für jede Alternative. Diese Risikofaktoren tragen Sie im Arbeitsblatt von Bild 2.13 ein.
2. Im nächsten Schritt fragt man dann, mit welcher Wahrscheinlichkeit jeder Risikofaktor eintreten könnte. Sie vergeben wiederum eine Zahl zwischen 1 (wenig wahrscheinliches Eintreten) und 10 (sehr wahrscheinliches Eintreten) für alle Risikofaktoren bei allen Alternativen.
3. Nehmen Sie jetzt bitte gedanklich einmal an, der Risikofall wäre eingetreten, das Befürchtete ist passiert. Nun schätzen Sie als

nächstes für jeden Risikofaktor die Tragweite des Schadens ein, und zwar mit einer Zahl zwischen 1 (geringer Schaden) und 10 (sehr hoher Schaden).

4. Wenn nun die Werte «W» und «T» multipliziert und anschließend addiert werden, erhalten Sie einen Gesamtrisikowert pro Entscheidungsalternative.

Zusammen mit der Wertzahlsumme aus der Entscheidungsanalyse kann jetzt eine umfassende Betrachtung der Alternativen vorgenommen und eine hoffentlich gute Entscheidung getroffen werden.

Die Risiko-Analyse (Bild 2.13) wird oft vernachlässigt – vielleicht deshalb, weil die Entscheider die durch die Entscheidungsanalyse gerade gewonnene Sicherheit nicht wieder sofort in Frage stellen wollen. Bei wichtigen Entscheidungen ist die Risiko-Analyse ein unabdingbares Element im gesamten Entscheidungsprozeß.

Zusammenfassend finden Sie nachfolgend einige wichtige Anregungen zur Verbesserung des eigenen Entscheidungsverhaltens.

Entscheidungen zuverlässig treffen

Die Beachtung der folgenden 10 Punkte soll Ihnen helfen, zu möglichst guten Entscheidungen zu kommen:

1. Verschaffen Sie sich ein klares Zielbild von dem, was Sie wollen.
2. Beziehen Sie von Beginn an die Betroffenen soweit wie möglich in den Entscheidungsprozeß ein.
3. Brechen Sie die Such- und Informationsphase nicht zu früh ab.
4. Bestimmen Sie aus dem Katalog der Entscheidungskriterien zuerst die Muß-Kriterien, die alle Alternativen erfüllen müssen.
5. Gewichten Sie die Wunsch-Kriterien, damit eine standardisierte Bewertungsrangfolge vorhanden ist.
6. Formulieren Sie – falls möglich – immer mehr als zwei Wahlmöglichkeiten.
7. Machen Sie bei wichtigen Entscheidungen auf jeden Fall eine systematische Risiko-Analyse.

RISIKOANALYSE

Gegenstand der Analyse: _____

Datum: _____ _____

Entscheidungs-alternative	Wahrscheinliche Risiken sind:		(W)	(T)	Risiko (WxT)
A_1:	1				
	2				
	3				
	4				
	5				
	6				
	7				
	8				
	9				
	10				
			Gesamtrisikowert		
A_2:	1				
	2				
	3				
	4				
	5				
	6				
	7				
	8				
	9				
	10				
			Gesamtrisikowert		
A_3:	1				
	2				
	3				
	4				
	5				
	6				
	7				
	8				
	9				
	10				
			Gesamtrisikowert		

W = Wahrscheinlichkeit des Eintretens
T = Tragweite des Faktors bei Eintritt

Bild 2.13   Muster für eine Risiko-Analyse

8. Wenn Sie entschieden haben, dann stehen Sie auch zu Ihrer Entscheidung. Übermäßige Nachentscheidungstrauer blockiert die notwendigen Umsetzungshandlungen.
9. Machen Sie eine Umsetzungsplanung für Ihre Entscheidung. Aus Gewolltem muß konkretes Handeln werden, denn: Nichts geht von allein, es sei denn, bergab!
10. Kontrollieren Sie regelmäßig die Folgen Ihrer Entscheidung, damit notwendige Anpassungshandlungen rechtzeitig erfolgen können.

Probleme zielgerichtet analysieren

Wie entsteht eigentlich ein Problem? Ein Problem entsteht, ganz allgemein ausgedrückt, wenn *Wunsch und Wirklichkeit voneinander abweichen*. Oder anders formuliert: zwischen Soll (Ziel) und Ist (momentane Situation) besteht eine Abweichung.

Nun ist ein Problem nichts, was unabhängig von uns in der Außenwelt existiert. Ob ein Ereignis als Problem bezeichnet wird, hängt von unserer *persönlichen Beurteilung der Situation* ab. Zunächst muß ich eine Soll-Ist-Differenz erst einmal als Problem wahrnehmen und dann wahrhaben wollen.

Die Auslöser für solche Soll-Ist-Differenzen sind oft äußere Ereignisse. Dazu einige Beispiele: Der Umsatz in einer Artikelgruppe geht zurück. Maschinen in der Produktion fallen aus. An bestimmten Arbeitsplätzen haben wir eine steigende Fluktuation. Die Anzahl der «harten Konflikte» mit Mitarbeitern nimmt zu. Solche Signale und Hinweiszeichen früh genug als Problem zu erkennen, ist ein Merkmal guten Managens.

Aber auch wenn alles glatt geht, wenn Wunsch und Wirklichkeit übereinstimmen, können sich Probleme entwickeln. Sie können sich zum Beispiel ein neues Ziel gesetzt haben. Vielleicht

Typus der Problemsituation	Beschreibungsmerkmale
einfache Problem-situation (Typ 1)	• kein langes Überlegen erforderlich, da hinreichendes Wissen über die Problemsituation vorhanden ist • Situation wurde schon häufig bewältigt • Situation weist eine gleichbleibende Struktur auf • Veränderungen treten in einer vorhersagbaren Art und Weise auf • ganz geringer Vernetzungsgrad, da wenige und gleichartige Elemente vorhanden • Verhaltenssicherheit ist erreichbar
komplizierte Problem-situation (Typ 2)	• Situation ist neu, d.h., wir kennen die Zusammensetzung noch nicht • Situation enthält eine Vielzahl von Elementen, deren Wechselwirkung wir noch nicht genau kennen • es besteht zwar eine stabile Ordnung, aber uns fehlt noch das Wissen um die Zusammenhänge innerhalb des Systems • Problem ist zwar höhergradig vernetzt, aber grundsätzlich lösbar mit kalkulierbarem Restrisiko
komplexe bzw. äußerst komplexe Problem-situation (Typ 3)	• komplex in ihrem Aufbau durch die Vielzahl verschiedener Elemente • rasche und vielfältige Situationsveränderungen in kurzer Zeit (hohe Systemdynamik) • sehr hoher Vernetzungsgrad der Situationsele-mente • man hat nie genügend Information, um zu einer ganz sicheren Entscheidung zu kommen

Tabelle 2.10   Merkmale verschiedener Problemsituationen

haben Sie eine neue Idee, wie ein Ablauf, Vorgang oder Prozeß anders und effektiver zu gestalten wäre. Oder Sie glauben einfach, daß nichts so perfekt ist, daß man es nicht noch besser machen könnte, und suchen deshalb ständig nach Verbesserungen des momentanen Soll-Zustandes. Der Entstehungsprozeß eines Pro-blems ist also auf zweierlei Weise möglich: entweder durch äußere oder innere Ereignisse.

Nun ist Problem nicht gleich Problem. Für eine Vielzahl täglicher Probleme haben wir gut funktionierende Lösungen zur Hand. Andere Problemsituationen hingegen bereiten uns Kopfzerbrechen, belasten uns emotional, weil wir nur mit großer Anstrengung Lösungen finden. Und vielfach wird es auch so sein, daß man erst einmal mit schlecht oder nur unvollkommen gelösten Problemsituationen leben muß.

In Tabelle 2.10 haben wir die typischen Merkmale einfacher, komplizierter und komplexer bzw. äußerst komplexer Problemsituationen zusammengefaßt [32].

In den letzten 10 Jahren hat sich der Anteil komplizierter (Typ 2) und komplexer (Typ 3) Problemsituationen ständig erhöht. Wir leben in einer Umwelt, die immer komplexer wird und in der sich mit rasanter Geschwindigkeit Veränderungen auftun.

Wer vor 30 Jahren Fehler in der Unternehmensführung gemacht hat, konnte sie noch bis zur Pensionierung überleben. Wer heute gravierende Fehler macht, d.h. auf Problemsituationen falsch oder zu spät reagiert, bekommt die Rückmeldung in kürzester Zeit zu spüren.

Was irgendwo in der Welt, scheinbar weit weg von uns, passiert (z.B. das Abholzen des tropischen Regenwaldes), hat Auswirkungen auf uns (Klimaveränderung). Deshalb ist es höchste Zeit, sich bewußt zu machen, daß wir in einem Netzwerk wechselseitiger Beeinflussungen leben.

Dies gilt gleichermaßen für die Welt des Unternehmens. Was in der Produktion geschieht, hat Auswirkungen auf das Marketing und umgekehrt. Wenn dies so als Beschreibung der gegenwärtigen Situation stimmt, dann haben wir es auch logischerweise viel häufiger als früher mit *vernetzten Problemen* zu tun.

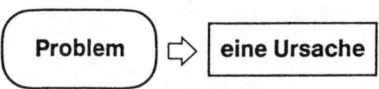

Bild 2.14   Monokausales Problem

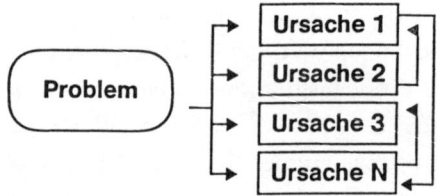

Bild 2.15 Vernetztes Problemdenken

Welche Folgerungen hat dieser Zustand nun für die Technik der Problemanalyse? Bei einfachen Problemen betreiben wir *monokausale Ursachen- bzw. Abweichungsforschung* nach dem Motto: Wir haben ein Problem, dies ist die Ursache! Die Struktur monokausalen Problemdenkens sieht wie in Bild 2.14 aus.

Wenn wir hingegen *vernetzte Probleme* zu bearbeiten haben, sieht das Abbild des Problems ganz anders aus (Bild 2.15).

Im Unterschied zu einfachen, meist monokausalen Problemen (Typ 1) haben wir es bei komplizierteren, höhergradig vernetzten Problemen mit einer ganz anderen Problemstruktur zu tun. Hier sind mehrere Ursachen für die Problementstehung relevant, und wir können auch nicht mit Sicherheit sagen, daß wir sofort im ersten Analyseversuch alle relevanten Ursachen finden. Bei höhergradig vernetzten Problemen ist deshalb die Problemanalyse immer wieder prozeßbegleitend durchzuführen.

Mit der wachsenden Vernetzung von Problemsituationen hat nun, wie leider vielfach festzustellen ist, keine gravierende Veränderung des Denkmusters bei denjenigen stattgefunden, die die Probleme lösen sollen. In Fortführung gewohnheitsmäßiger Übung bei der Bearbeitung von einfachen Problemsituationen werden folgende Denkfehler bei komplizierten Problemsituationen gemacht [33]:

Denkfehler 1: Probleme sind objektiv vorhanden. Sie müssen nur noch klar formuliert werden.
Denkfehler 2: Jedes Problem ist direkt auf eine einzige Ursache zurückzuführen.

84

Denkfehler 3: Problemsituationen sind grundsätzlich beherrschbar, es ist lediglich eine Frage des Aufwandes.

Denkfehler 4: In der Praxis kann ein «Macher» jede Problemlösung durchsetzen.

Denkfehler 5: Mit der Einführung «einer» Lösung kann auch das Problem als erledigt betrachtet und endgültig ad acta gelegt werden.

Die teilweise Kultivierung dieser Denkfehler auf höchsten Managementebenen führt bei der praktischen Problembearbeitung zu folgenden, häufig zu beobachtenden Verhaltensweisen:

Obwohl wir ein vernetztes Problem haben, verhalten sich die am Problemlösungsprozeß beteiligten Personen völlig entgegengesetzt. Sie tun, als läge ein Ein-Ursachen-Problem vor und es darauf ankomme, unter Beweis zu stellen, wer der beste Ursachenforscher sei.

Das zeigt sich in Diskussionsbeiträgen wie: «Das Problem ist, daß die Ziele falsch sind». «Aber nein, das Problem ist doch, daß die Produktion nicht nachkommt». «Meine Herren, das Problem ist ganz einfach: Der Vertrieb verspricht zu viel und kann es jetzt nicht halten». Die Beispiele mögen genügen.

Wir können festhalten: *Wenn vernetzte Probleme vorliegen, ist eine Technik anzuwenden, die das Herausarbeiten der Vernetzung ermöglicht.* Althergebrachte Rededuelle nach dem Muster «Ich+/Du-» (was hier bedeutet: Meine Ursache ist besser als Deine!), sind nicht mehr situationsangemessen.

Es ist also höchste Zeit, daß wir der Einsicht (Wir haben vernetzte Probleme!) auch die Tat folgen lassen (Wir erarbeiten erst einmal die Problemvernetzung!).

Um nun von der Einsicht zur Tat zu kommen, ist bei der Problemanalyse nach einer gewissen Systematik vorzugehen, wobei 3 Phasen zu durchlaufen sind:

☐ Problemdefinition,
☐ Ursachenanalyse,
☐ Ursachenbewertung.

Denkfehler 1 liegt der gravierende Irrtum zugrunde, daß das «Problembild» klar definiert ist. Bereits bei der Diskussion um die «Zielklarheit» haben wir festgestellt, daß Ziele nicht objektiv gegeben sind, sondern «hergestellt» werden müssen.

Analog verhält es sich bei der Konstruktion der Problemdefinition. Die richtige Problembeschreibung ist für die Qualität der Ursachenanalyse konstituierend [34]. Wer hier nach dem Grundsatz arbeitet: «Die fixen Kosten zwingen uns fix zu arbeiten», handelt fahrlässig.

Realität ist nie objektiv vorhanden, sondern Produkt unserer Wahrnehmungs- und Bewertungsprozesse. Insofern haben verschiedene Personen in einer Problemsituation auch ganz individuelle «Problembilder» im Kopf. Geht man nun mit dieser «unausgesprochenen Bildstruktur» in die Ursachenanalyse, so erlebt man immer wieder, daß genannte Ursachen als völlig danebenliegend und situationsunangemessen eingestuft werden. Die Begründung für dieses Verhalten ist in den unausgesprochenen Bildern zu sehen.

Sofort erfolgt ein Abgleich zwischen internem Bild und gehörter Ursache, und nur wenn die «ausgesprochene Ursache» zum «unausgesprochenen Problembild» paßt, wird sie akzeptiert. So wird schon in der Phase der Problemdefinition der Grundstein für den späteren Analyseerfolg gelegt.

Damit Sie zu einer möglichst guten Problembildqualität kommen, empfiehlt sich folgendes Vorgehen:

1. Beschreiben Sie ganz genau die Ausgangssituation (Ist).
2. Vergegenwärtigen Sie sich das Ziel, den angestrebten Soll-Zustand. Wo genau wollen Sie hin?
3. Beschreiben Sie jetzt die Soll-Ist-Differenz. Was genau haben Sie nicht? Was genau ist Ihr Problem?

Beachten Sie in dieser Phase bitte folgende Punkte:

☐ Formulieren Sie das Problem kurz, präzise und unmißverständlich. Schreiben Sie die Problemformulierung auf. (Denken ist Schreiben!)

☐ Probieren Sie mehrere Problemformulierungen aus. Sie vermeiden dadurch die frühe Festlegung auf altbekannte, unproduktive Formulierungen.

☐ Die Problemformulierung darf keine Lösungsvorschläge enthalten, da sonst das Denken zu stark vorgeprägt wird.

☐ In der Problemformulierung dürfen auf keinen Fall Ursachen enthalten sein.

☐ Am Ende der Problemdefinitionsphase steht ein Warum-Satz, mit dem dann die Ursachenfindung eingeleitet wird.
Dazu einige Beispiele:
– Warum liegt der Schrottanteil bei den ZT-Stanzen 3% über dem Durchschnittswert?
– Warum gelingt es nicht, Abteilungsbesprechungen richtig vorzubereiten?

Ursachenanalyse nach dem Ishikawa-Diagramm

Ein praxiserprobtes Verfahren zur Ursachenanalyse ist das nach KAORU ISHIKAWA benannte «Ishikawa-Diagramm» [35]. Ausgehend von einer Soll-Ist-Abweichung, dient es zur Findung von Problemursachen. Aufgrund der flexiblen Struktur wird die Erstellung eines u.U. sehr umfangreichen Ursachennetzwerkes ermöglicht. Für komplizierte Problemsituationen (Typ 2) ist es also durchaus geeignet.

Anhand der Grundstruktur (Bild 2.16) ist die Herkunft aus der Produktion unverkennbar.

Die *vier M* (Mensch, Maschine, Methode und Material) sind die sogenannten *Haupteinflußgrößen*, zu denen dann spezifische Einzelursachen zugeordnet werden. So entsteht schnell ein gesamtes Netzwerk von Einzelursachen.

87

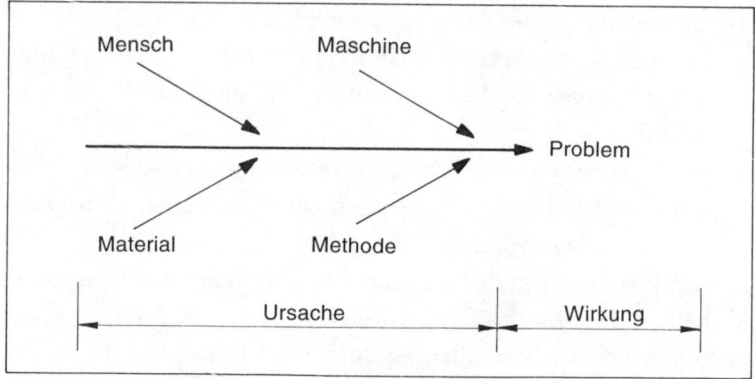

Bild 2.16   Grundmuster eines Ishikawa-Diagramms

Wie komplex das IK-Diagramm wird, hängt vom Problem ab. Es gibt Diagramme mit nur drei, aber auch mit fünf oder sechs Haupteinflußgrößen.

Mittlerweile wird das IK-Diagramm auch in Dienstleistungsunternehmen erfolgreich angewandt. Von der strengen, statischen Form der anfänglichen Setzung der 4-M-Faktoren hat man sich gelöst. Heute wird die Technik so gehandhabt, daß nur die Faktoren «Mensch» und «Methode» gesetzt werden, weil sie in fast jeder Analyse zum Tragen kommen. Darüber hinaus können, je nach Problemsituation, auch andere Haupteinflußgrößen auftreten, wie z.B: Markt, Wettbewerb, Transport, Organisation, Werkzeuge, Ausstattung/Ressourcen usw.

Ein Praxisbeispiel eines IK-Diagramms finden Sie in Bild 2.17.

Wenn Sie jetzt selbst ein IK-Diagramm erstellen wollen, dann gehen Sie am besten in folgenden Schritten vor:

1. Sie formulieren einen präzisen Warum-Satz.
2. Sie schreiben dann alle Ursachen auf, die Ihnen zu diesem Warum-Satz einfallen.
3. Sie setzen erst einmal nur die Haupteinflußgrößen «Mensch» und «Methode» und ordnen alle passenden Einzelursachen zu, die Sie unter Punkt 2 gesammelt haben.

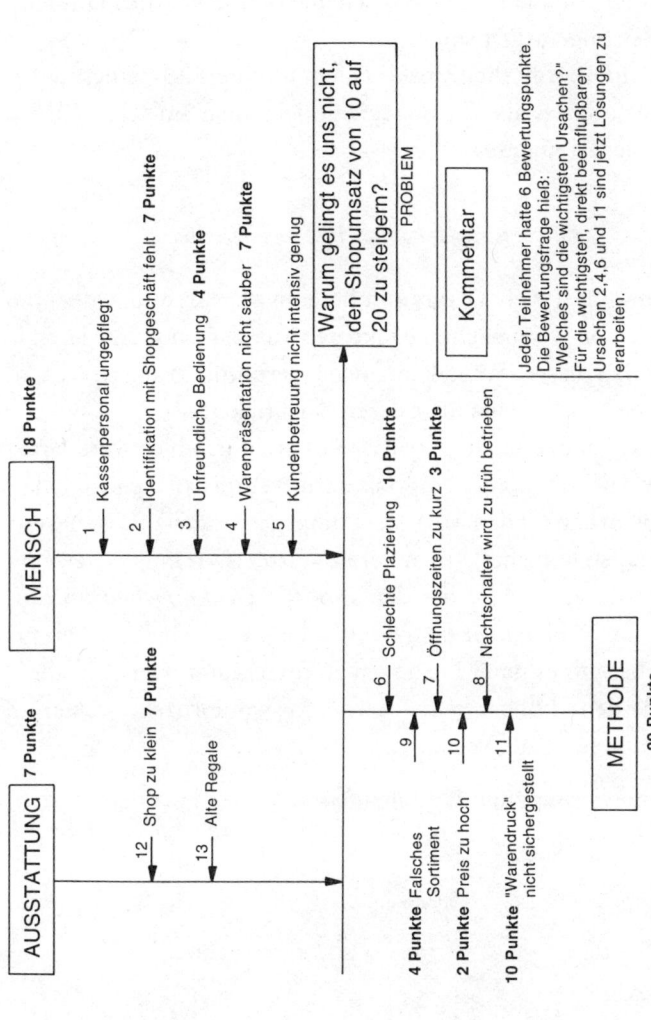

Bild 2.17 Praxisbeispiel eines Ishikawa-Diagramms

89

4. Sie gehen die restlichen Einzelursachen durch und prüfen, zu welchen Haupteinflußgrößen sie sich zusammenfassen lassen.

5. Sie prüfen, ob die Einzelursachen alle richtig auf die Haupteinflußgrößen zugeordnet sind.

6. Sie prüfen, ob die Einzelursachen innerhalb eines jeden Haupteinflußastes alle unabhängig voneinander sind. Falls nicht, erfolgt eine Bereinigung.

Bewertung der wichtigsten Ursachen

Nachdem nun das IK-Diagramm bereinigt ist, steht das gesamte Netzwerk von Verursachungsfaktoren für das zu analysierende Problem. Bei diesem Stand kennen Sie (vermutlich) alle Ursachen, wissen aber noch nichts über deren Wichtigkeit.

Wir können davon ausgehen, daß es in diesem Netzwerk Ursachen gibt, die in besonderem Maß dafür verantwortlich sind, daß das Problem entstanden ist; andere hingegen tragen nur wenig zur Problementstehung bei. Mit anderen Worten: Wir müssen jetzt die Ursachen herausfinden, die den *größten Deckungsbeitrag hinsichtlich der Problemverursachung* haben. Und für diese Hauptverursacher gilt es dann Lösungen zu finden, mit denen sie abgestellt werden können. Für den Auswahlprozeß stehen 2 Vorgehensweisen zur Verfügung:

1. Die Bewertung der Ursachen anhand von Zahlen, Daten, Fakten.

Personen

Ursachen		20	15	10	5
	20	5	6	7	8
	15	4	5	6	7
	10	3	4	5	6

Tabelle 2.11

2. Die Bewertung der Ursachen durch Bepunktung nach Tabelle 2.11 (gilt nur für Gruppen-Problemlösungen), wobei die Regel gilt, daß auf eine Einzelursache maximal 2 Punkte vergeben werden dürfen.

Die im IK-Diagramm gesammelten Einzelursachen werden nach folgender *Bewertungsfrage* bepunktet: Welches sind die bedeutsamsten Ursachen? Für die durch die Bewertung herausgefundenen hauptsächlichen Ursachen werden dann im nächsten Schritt Lösungsansätze erarbeitet. Die eigentliche Problemanalyse ist aber mit Abschluß der Ursachenbewertung beendet.

Damit Sie den komplexen Vorgang der Problemanalyse jederzeit zur Verfügung haben, ist der gesamte Ablauf in einem Flußdiagramm (Bild 2.18) zusammengefaßt dargestellt.

Wir wissen mittlerweile sehr genau, welche wirklich entscheidenden Sünden in der Problembearbeitung, sowohl einzeln als auch in Gruppen, begangen werden. Und damit Sie diese Fehler bei Ihrer Arbeit vermeiden können, haben wir die häufigsten Sünden kurz beschrieben.

1. Das Problem ist doch klar. Ich weiß, um was es geht, und kann auf eine genaue Beschreibung verzichten.
2. Unsere Ziele wußte jeder. Was sollen wir jetzt noch einmal fragen, ob das Ziel eindeutig und klar war.
3. Je länger man im Job ist, um so eher weiß man: die Probleme sind eigentlich immer die gleichen und ganz einfach zu lösen.
4. Ich bin der beste Ursachenfinder und denke monokausal. Ein Problem hat immer eine Hauptursache und an die muß man ran.
5. Was soll ich mich lange mit der Analyse eines Problems herumschlagen. Schnelle Lösungen sind gefragt, denn dafür werde ich ja schließlich bezahlt. Es gilt das Motto: «Die fixen Kosten zwingen mich, fix zu arbeiten!»
6. Meistens ist doch ein echter Macher gefragt, dann kann auch das Problem schnell ad acta gelegt werden.

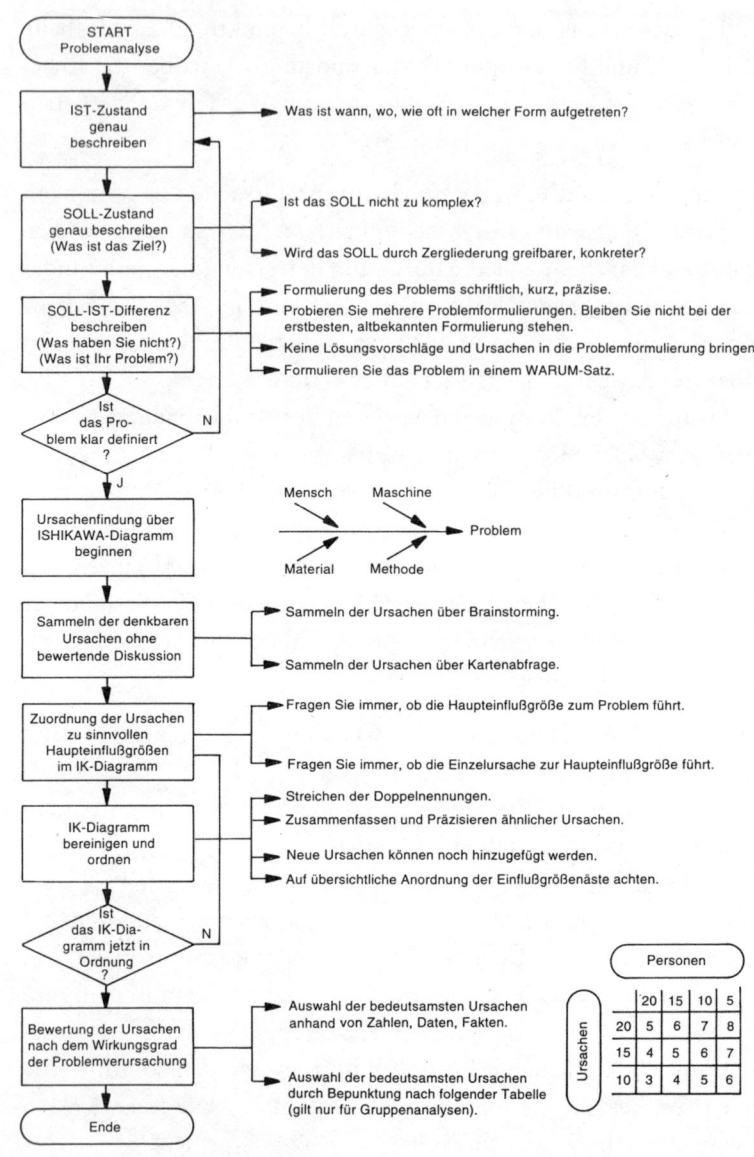

Bild 2.18 Ablaufdiagramm «Problemanalyse»

Kapitel 3

MITARBEITER ZIELORIENTIERT FÜHREN

Basisannahmen des Führens mit Zielen oder: Warum brauchen Mitarbeiter Ziele?

Für PETER DRUCKER, der 1954 erstmals den Begriff «Management by Objectives» verwandte [36], ist die Führung mit Zielen konstituierendes Element des Managens schlechthin: «Jeder Manager – vom «obersten Chef» bis herunter zum Vorarbeiter oder Büroleiter – braucht klar umrissene Ziele. Diese einzelnen Zielsetzungen müssen stets von den Zielsetzungen des Gesamtunternehmens abgeleitet sein» [37]. Und als weiteres, wesentliches Charakteristikum fügt er an, daß «es sogar einer der Hauptvorzüge des Managements durch Zielsetzung ist, daß es uns instand setzt, die Führung durch Selbstkontrolle anstelle von Führung durch Herrschen zu setzen» [38]. In den Aussagen spiegeln sich die von MCGREGOR in seiner X-Y-Theorie formulierten Annahmen über das Wesen des Menschen im Arbeitsprozeß wider [39] (Bild 3.1). Dem Führen mit Zielen und der Y-Theorie sind folgende Basisannahmen gemeinsam:

1. Mitarbeiter wollen Verantwortung als Ziele übernehmen.
2. Mitarbeiter wollen den Zusammenhang zwischen «ihren Zielen» und den Unternehmenszielen verstehen und einen positiven Zielbeitrag für das übergeordnete Unternehmensganze leisten.
3. Für Mitarbeiter ist die Qualität des Zielentstehungsprozesses ebenso wichtig wie der Inhalt. Sie wollen eine Zielvereinbarung und kein Zieldiktat.

Theorie X	Von Natur aus sind Menschen wie folgt	Theorie Y
Sie mögen Arbeit nicht, Sie sind faul und versuchen sie soweit als möglich zu vermeiden.		Sie lieben die Arbeit und suchen sie.
Sie müssen von anderen kontrolliert und motiviert werden, wozu Belohnungen und Strafen angewandt werden.		Sie können sich selbst kontrollieren und motivieren.
Sie mögen keine Verantwortung.		Sie mögen Verantwortung.
Sie mögen keine Leistung.		Sie mögen Leistung.
Ihnen kann man nicht vertrauen.		Ihnen kann man vertrauen.
Sie ändern sich nie.		Sie können sich ändern.
Sie sind leichtgläubig und leicht zu manipulieren.		Sie sind aufmerksam und nicht leicht zu manipulieren.
Sie kreisen um sich selbst und kümmern sich nicht um Unternehmensziele.		Sie wollen, daß Ihr Unternehmen Erfolg hat.

Bild 3.1   McGregors X-Y-Theorie

4. Mitarbeiter können und wollen ihre Ziele – einzeln oder im Team – selbst kontrollieren.

5. Mitarbeiter wollen Ziele auch gefühlsmäßig verstehen. Dazu ist eine Übersetzungsarbeit vom reinen Zahlenziel auf Topebene zur jeweiligen Mitarbeiterebene hin erforderlich.

6. Mitarbeiter wollen aktiv in den Prozeß der Zielgestaltung für ihren Arbeitsbereich eingebunden werden.

Was sich hier so scheinbar einleuchtend und einsehbar liest, ist in der Praxis vieler Unternehmen nicht vorzufinden.

Das Führen mit Zielen leidet noch immer an vielen Kinderkrankheiten und Fehlinterpretationen aus dem Zeitalter der autoritären Führung. Führen mit Zielen war in den 60er bis 80er Jahren in den meisten Unternehmen mehr Zieldiktat denn Zielvereinbarung, mehr Betonung auf rationale Zielsystematik denn Verständlichkeit und kommunikative Qualität, mehr Masse als Klasse, mehr Macht- und Kontrollinstrument des Vorgesetzten denn Selbststeuerungsinstrument des Mitarbeiters, mehr Verwalten von Zielkatalogen denn tägliches Handwerkszeug.

Heute wissen wir, daß nicht nur «die Vollständigkeit des Ziel-kataloges und die Häufigkeit der Soll-Ist-Analysen die Qualität der Zielorientierung» im Unternehmen prägen, sondern «Ver-ständlichkeit und Kommunikation von Zielen tragen (ebenso) zum Erfolg und zur Qualität der Zielorientierung des Unterneh-mens bei». [40]

Das ganze Unternehmen, alle Führungskräfte und Mitarbeiter, alle Teams, Bereiche und Abteilungen leben in einem permanenten Prozeß des zielorientierten Denkens, Fühlens und Handelns. Nur wer dauerhaft imstande ist, Ziele zu realisieren, hat Überlebens-chancen.

Betrachten wir die gewaltigen Veränderungen, die in den Un-ternehmen durch Lean-Management und Total Quality Manage-ment ausgelöst wurden und noch werden, so wird klar, daß mit wachsender Zahl von Selbststeuerungsprozessen Produktivität und Innovationsfähigkeit von Unternehmen sprunghaft anstei-gen.

Schlanke, produktive, innovative Unternehmen reduzieren die Anzahl der Leitungsebenen und führen breitere Arbeits- und Verantwortungsbereiche für Teams und Mitarbeiter ein. Sich daher selbst an Zielen zu orientieren wird zum Alltag, zur Selbst-verständlichkeit, weil derartiges Zielmanagement ein weitgehend selbständiges Denken und Handeln von Führungskräften und Mitarbeitern innerhalb ihrer Funktionsbereiche fordert und er-möglicht.

Demgemäß sollten «Zielvereinbarungen zu Höhepunkten des Führungsalltags gemacht werden und nicht zu einem düsteren, routinierten Jahresgeschäft, das mit dem faden Begriff der Budge-tierung abgetan wird». [41]

Für die einzelnen Mitarbeiter sind Ziele auf vielfältige Weise bedeutsam, weil sonst

□ Probleme nicht wahrnehmbar sind,
□ die Bedeutung von Informationen nicht erkannt wird,

- □ keine Beschlüsse oder Entscheidungen zustande kommen,
- □ Aktivitäten nicht rechtzeitig koordiniert werden können,
- □ eine abgestimmte Kommunikation nicht möglich ist,
- □ Konflikte rational nicht lösbar sind,
- □ eine Steuerung von Prozessen und Prozeßketten nicht möglich ist,
- □ das persönliche Anspruchsniveau diffus bleibt,
- □ eine Orientierung des einzelnen Mitarbeiters im Unternehmensganzen unmöglich wird [42].

Vom Unternehmensziel zum Mitarbeiterziel

Ausgehend vom operativen Zielmanagement-Modell (vgl. Bild 1.2) entwickelt sich die Zielstruktur des Unternehmens kaskadenförmig vom Unternehmensziel über die Bereichs- und Abteilungsziele zum Mitarbeiterziel. Und wenn wir von der Entwicklung einer Zielstruktur sprechen, dann impliziert dies, daß Unternehmensziele nicht einfach «heruntergebrochen» werden (übrigens ein fürchterliches Wort, weil man assoziiert, daß etwas zu Bruch geht), sondern adressatengerecht übersetzt werden. Es kann also nicht sein, daß ein Mitarbeiter mit niedriger dispositiver Tätigkeit etwa Ziele folgender Qualität vorgesetzt bekommt: Eigenkapitalrentabilität mind. 5%; Marktanteil im Produktsegment T4 auf mind. 25% steigern usw.

Wie kommt nun das Unternehmen zu seinen Unternehmenszielen? Wer ist an diesem Zielbildungsprozeß beteiligt?

Die Jahresziele des Unternehmens ergeben sich einmal aus der Dreijahreszielplanung, ferner aus der Bestandsaufnahme der Ist-Situation sowie der Einschätzung der Markt- und Umfeldsituation für das bevorstehende, zu gestaltende Jahr. Zuständig für die Entwicklung und Festlegung dieser Ziele ist der Vorstand bzw. die Geschäftsleitung eines Unternehmens unter Einbeziehung der Direktoren bzw. Bereichsleiter.

Zielbereich	Zielgrößen
Allgemeine Unternehmens-entwicklung	Umsatz Rendite Cash-flow Kosten
Marketing	Marktentwicklung Käuferschichten Vertrieb und Kundendienst
Produktion	Produktionstechnologie Produktionskapazität Produktivität Produktionskosten
Entwicklung	Innovation Patente, Lizenzen
Finanzen	Finanzpotential Liquidität Kapitalumschlag Investitionen
Personal	Entgeltpolitik, soziale Leistungen Grundsätze der Personalpolitik Personalentwicklung
Führung und Organisation	Führungsinstrumente Führungskultur Abläufe und Strukturen Anpassung und Veränderung

Tabelle 3.1 Zielcheckliste für Unternehmensziele

Dieser Kreis von 6 bis 12 Personen zieht sich zur jährlichen Zielkonferenz, die meist eine zweitägige Klausurtagung ist, zurück. Als Ergebnis dieser Zielkonferenz steht der Zielrahmen des Unternehmens für das kommende Geschäftsjahr fest.

Nun hat man immer wieder versucht [43, 44], eine Art «Zielliste» zu kreieren, die Anhaltspunkte für zu formulierende Zielbereiche liefert. Eine zeitgemäße Form einer solchen Zielcheckliste für Unternehmensziele ist in Tabelle 3.1 dargestellt [45].

Wir möchten zu bedenken geben, daß diese «Ziellisten-Mentalität» in der Frühzeit des MbO zu einer wahren Zielinflation geführt hat. Statt sich auf wesentliche Unternehmensziele zu beschränken, wurde eine Zielbürokratie zum Leben erweckt. Zielverwaltung statt Zielmanagement war in vielen Unternehmen die Praxis.

Die Zielcheckliste ist zweifellos brauchbar für den Zielinput. Zur Bestimmung der Unternehmensziele sind dann aber zwei Fragen handlungsleitend:

1. Was muß das Unternehmen tun, um wirtschaftlich gesund am Markt zu bestehen?
2. Welche Durchbruchziele muß das Unternehmen im kommenden Jahr schaffen?

Diese Fragen führen zur Konzentration auf die wenigen, wesentlichen Ziele des Unternehmens.

Zur Strukturierung des Zielrahmens bietet sich in der Folge eine ebenso einfache wie verständliche und vor allem auf alle Ebenen übertragbare Klassifizierung nach den in Tabelle 3.2 genannten Zielarten an [vgl. dazu 46, 47, 48, 49]:

Nachdem nun der Jahreszielrahmen des Unternehmens definiert ist, gehen die Direktoren/Bereichsleiter in einen Ziel-Workshop mit ihren jeweiligen Team-, Gruppen- oder Abteilungsleitern. In diesem Workshop wird in zweierlei Richtung ein bereichs- und abteilungsbezogener Zielrahmen erarbeitet. Zunächst wird gefragt, was die Unternehmensziele in ihrer Übersetzung für den eigenen Bereich an Zielen erfordern. Des weiteren kommen noch evtl. bestehende bereichsinterne Ziele hinzu.

Wir werden in Kapitel 4 auf die Gestaltung dieses Gruppenprozesses noch ausführlich eingehen.

Am Ende eines solchen Ziel-Workshops steht der Zielrahmen für die Teams, Gruppen bzw. Abteilungen.

Jetzt geht jeder Team-, Gruppen- oder Abteilungsleiter mit diesem Zielrahmen in die Besprechung mit seinen Mitarbeitern. Dabei läuft dieser Prozeß in mindestens 2 Stufen ab. Auf der ersten

Durchbruchziele	Besonders wichtige, unbedingt zu erreichende Ziele, die als verlängerter operativer Arm der Strategieziele und 3-Jahresziele dienen. Ihre Anzahl ist auf max. 3 pro Jahr zu begrenzen. Beispiele: Einführung teilautonomer Arbeitsgruppen in der Fertigung. Implementierung eines Management-Informationssystems mit Anwenderbezug auf allen Ebenen. Qualitätszertifizierung nach ISO 9001 für das Gesamtunternehmen.
Standardziele	Sie dienen zur Erhaltung und Absicherung des bereits Erreichten. Charakteristisch für sie ist, daß sie ständig zu erreichen sind bzw. regelmäßig wiederkehren und notwendig sind, um ein gutes Leistungsniveau aufrechtzuerhalten. Auf Unternehmenszielebene zählen dazu die Produktziele, Erfolgsziele und Liquiditätsziele. Beipiele: Erhöhung des Inlandumsatzes um 5%. Senkung der Gemeinkosten um insgesamt 10 Mio. DM. Stabilisierung des gesamtdeutschen Marktanteils bei 53%.
Problemlösungsziele	Sie sind immer dann aktuell, wenn es nicht gelingt, ein bereits definiertes Soll zu erreichen, und zwar entweder punktuell oder chronisch. Im letzteren Fall läßt dies meist auf ungelöste strukturelle Managementprobleme schließen. Beispiele: Senkung der Fluktuationsrate im Außendienst von 40% auf mind. 25%. Senkung der Auftragsstandzeiten auf 97% aller Aufträge mit max. 3 Tagen.
Innovationsziele	Bei dieser Zielart geht es um echte Neuerungen, um die Durchsetzung neuer Kombinationen. Sie werden vielfach als Projekte initiiert und erfordern eine bereichsübergreifende Zusammenarbeit. Beispiele: Neuentwicklung eines unternehmensübergreifenden Warenwirtschaftssystems. Konzepterstellung und -umsetzung einer europäischen Koordinierung des Materialbedarfs.

Tabelle 3.2   Klassifizierung von Unternehmenszielen

Stufe findet sozusagen das Pipeline-fill-in statt, sprich die Erklärung des erarbeiteten Zielrahmens mit den Durchbruch-, Standard-, Problemlösungs- und Innovationszielen.

Es ist wichtig, auf dieser Ebene den Begründungszusammenhang zur übergeordneten Zielstruktur klarzumachen, die Herkunft der Ziele aufzuzeigen und auch die kurz- und langfristige Zielperspektive anzusprechen.

Nach der notwendigen Basisinformation ergeht an die Mitarbeiter die Aufforderung, sich Gedanken über die Umsetzung dieser Ziele im eigenen Bereich zu machen und dies schriftlich zu fixieren. Gleiches macht die Führungskraft für alle Mitarbeiter seines Teams.

Für den Mitarbeiter ist es hilfreich, wenn er sich bei seiner Zielarbeit an folgenden 10 Fragen orientiert:

1. Worin besteht konkret mein Beitrag zur Erreichung des übergeordneten Unternehmensbereichs-Ziels?
2. Was ist an den Bereichszielen und Stellenzielen realistisch/unrealistisch?
3. Bei welchen Zielen habe ich erfahrungsbedingte Bedenken?
4. Wo fehlen mir noch Hintergrundinformationen zum besseren Zielverständnis?
5. Welche Ziele sind für mich Durchbruchziele?
6. Wie stark fühle ich mich für die Ziele verantwortlich?
7. Was mache ich bei den Zielen, die mir gar nicht liegen, um die ich aber nicht herumkommen werde?
8. Was wäre auch den weniger «geliebten» Zielen an positiven Seiten abzugewinnen?
9. Welche Mittel stehen mir zur Zielerreichung zur Verfügung?
10. Welche Verhaltensweisen fördern/blockieren erfahrungsgemäß die Zielerreichung?

In der zweiten Stufe erfolgt die Zielannäherung zwischen Führungskraft und Mitarbeiter. Hier wird nach dem Prinzip des Gegenstromverfahrens eine gemeinsame Zielfestlegung vorgenommen. Auf dieser Stufe kommt noch eine weitere Zielkategorie hinzu, die persönlichen Entwicklungsziele [50]. Sie dienen dazu, die Fähigkeiten und Fertigkeiten des Mitarbeiters zu entwickeln und zu stabilisieren, so daß er in der Lage ist, die vereinbarten Ziele zu erreichen.

Eine Anmerkung noch an dieser Stelle zu den Durchbruchzielen auf Mitarbeiterebene. Wie Sie den Beispielen aus Tabelle 3.2 entnehmen können, sind die Durchbruchziele in ihrem inhaltlichen Kern meist Innovationsziele, manchmal auch Problemlösungsziele. Ihren Charakter als Durchbruchziel erhalten sie aufgrund der hohen Bedeutung. Es reicht deshalb aus, wenn die entsprechend tangierten Innovations- und/oder Problemlösungsziele als Durchbruchziele kenntlich gemacht werden.

Insgesamt haben wir auf Mitarbeiterebene 4 inhaltlich verschiedene, operative Zielarten, die nachfolgend an Praxisbeispielen noch einmal verdeutlicht werden.

1. Standardziele
Hierbei handelt es sich um fortlaufende oder sich wiederholende Ziele, die das erreichte Niveau einer Stelle mindestens sichern soll. Es entspricht der «normalen Erwartungshaltung», daß diese Ziele vom Stelleninhaber sicher erreicht werden.

Beispiele:
☐ Einhaltung der Ausschußquote von 3% mit nicht mehr als 0,5% Abweichung.
☐ Sicherung des mengenmäßigen Personalbestandes im Rahmen der Personalanforderungen für das nächste Jahr.
☐ Kontrolle der Warenbestände und rechtzeitiges Nachbestellen bei Erreichen des Meldebestandes.
☐ Umsatzsteigerung bei F-91-Aggregaten um 5% auf 800 000 DM.

2. Problemlösungsziele

Ein Problem liegt immer dann vor, wenn der heutige Zustand (Ist) von dem abweicht, was gewollt war (Soll). Das Ziel besteht darin, sich dem bereits definierten Soll wieder anzunähern bzw. es zu erreichen.

Vorgesetzter und Mitarbeiter haben sich deshalb bei der Erarbeitung dieser Zielart zu fragen: 1. Ist das Ziel noch klar und realistisch? 2. Wo genau stehen wir jetzt? und 3. Was ist der beabsichtigte Zielschritt?

Beispiele:

☐ Erhöhung der Produktivstunden um 1,5 bis 2% bis zum 1.10. im Bereich qualifizierter Helfer.

☐ Bis zum nächsten Monat erfolgt eine Reduzierung der Kundenreklamationen an der Waschstraße bezüglich der Vorwaschqualität auf 1% der Monatswäschen.

☐ Senkung der Fehletikettierung in der Nachbearbeitung auf 0,1% der Kundenauswertungen bis zum 1.10.

Bei dieser Zielkategorie ist es wichtig, daß der Vorgesetzte mit seinen Mitarbeitern in genaue Diskussionen eintritt, denn vielfach hat der Mitarbeiter detaillierte Kenntnisse über die Abweichungsursachen und dazu passende Ideen für Abstellmaßnahmen.

3. Innovationsziele

Bei Innovationszielen geht es darum, daß Mitarbeiter aufgefordert werden, selbst kreativ zu denken und zu handeln. Es geht um die Frage, welche Neuerungen (z.B. neue Organisationsform, neue Verfahrensweise, neues Produkt, neue Qualität eines Produktes oder Verfahrens) im Arbeitsgebiet des Mitarbeiters erreicht werden sollen.

Beispiele:

☐ Erarbeitung und Umsetzung eines neuen Systems der Warenplazierung im Shop bis zum Ende des 2. Quartals.

☐ Konzeptionserstellung für ein Redaktionsarchiv bis zum 1.10.

☐ Entwicklung eines Fehlersuchprogramms für das Produkt X bis zur Testreife bis spätestens 30. Oktober.

4. Persönliche Entwicklungsziele

Persönliche Entwicklungsziele dienen der Verbesserung der Fähigkeiten und Fertigkeiten des Mitarbeiters. Sie entstehen, weil ein Mitarbeiter bestimmte Aufgaben noch nicht zufriedenstellend wahrnimmt oder auf neue Aufgaben hin gezielt vorbereitet und gefördert werden soll. Hier geht es um eine Verbesserung der Qualifizierung, also um systematische Personalentwicklung.

Beispiele:

☐ Sichere Beherrschung aller anfallenden Tätigkeiten im Kassenbereich bis zum November.

☐ Einarbeitung in Paisy zur Übernahme der Lohnabrechnung in eigener Verantwortung am 1.4.

☐ Grundlagen der Arbeitsmethodik kennenlernen durch Seminarbesuch in der 20. Kalenderwoche dieses Jahres.

Damit Sie einen Praxiseinblick in die Handhabung der 4 operativen Zielarten auf Mitarbeiterebene bekommen, finden Sie in Bild 3.2 die Originalfassung einer Zielvereinbarung zwischen einem Vertriebsstellenleiter und einer Vertriebsmitarbeiterin.

Zielmanagement auf allen Ebenen des Unternehmens ist ein Prozeß, der beständig eingefordert und praktisch gelebt werden muß. Führen mit Zielen führt zu einer «gesunden Unzufriedenheit» [51], weil immer wieder die Frage gestellt wird, wo das Unternehmen sich verbessern kann und muß.

Vielfach wird erst durch konsequentes Zielmanagement erreicht, daß man sich systematisch mit Problemen befaßt, die zwar alle längst kennen, denen aber bislang «erfolgreich ausgewichen» wurde.

Zielmanagement fördert dauerhaft das Denken in Systemzusammenhängen. Führungskräfte und Mitarbeiter lernen zu begreifen, daß über die alleinige Erfüllung von Standardzielen nur

Zielvereinbarungsbogen

Name: *Frau Seib*   Datum: *17.5.*

1. Standardziele
Bis zum 31.8. alle SHK- u. Elektrobetriebe besuchen,
neuesten R-Stand aufspielen u. Statusbericht erstellen.
Bis 31.8. mindestens 40 Referenzschreiben vorlegen.
Ab sofort von jedem Kundenbesuch einen weiteren Inte-
ressenten-Namen mitbringen, nach Musterschreiben
Firma XY empfiehlt die Firma ...
Kopie jeweils am Monatsende zum Verkaufsleiter.

2. Problemlösungsziele
Akzeptanz von Seminaren für Büro- und Textverarbei-
tung abprüfen und beste Zeiträume erfragen. Innerhalb
der nächsten 3 Wochen. (Durchbruchziel!)

3. Innovationsziele
Bis 25.5. drei Muster-Referenzschreiben entwickeln und
mit H. ... durchsprechen.
Bis zum 25.5. einen Konzeptionsvorschlag für den
Statusbericht erstellen.

4. Persönliche Weiterentwicklungsziele
Bis 31.8. gemeinsam mit H. ... das RTR-Programm stu-
dieren und im August eine Abschlußdemo selbständig
durchführen.

Bild 3.2   Praxisbeispiel einer Zielvereinbarung

104

Erhaltungs- und Routinemanagement betrieben wird. Daß das auf Dauer in einer wettbewerbsorientierten Wirtschaftsordnung nicht ausreichen kann, müßte eigentlich für jedermann einleuchtend sein.

Und so kommt denn auch den Innovations- und Problemlösungszielen im Lichte des Kaizen-Management [52] besondere Bedeutung zu. Das japanische Wort «Kaizen» beschreibt eine grundlegende Einstellung zur Arbeit und zum Leben schlechthin, die darin besteht, das gesamte Handeln als einen nie endenden Prozeß der stetigen Vervollkommnung und Verbesserung zu betrachten.

Innovations- und Problemlösungsziele und die auf die Person des Mitarbeiters bezogenen persönlichen Entwicklungsziele sind der praktische, operative Ansatz zur stetigen Verbesserung des Leistungsbeitrags eines jeden Mitarbeiters im Gesamtsystem «Unternehmen».

Die bisherigen Erfahrungen mit Zielmanagement weisen darauf hin, daß es zweckmäßig ist, die Anzahl der Ziele pro Mitarbeiter auf wenige wichtige Ziele einzugrenzen, mit deren Erreichung der geforderte Zielbeitrag zu den Unternehmenszielen geleistet wird. In diesem Zusammenhang wird die vereinbarungsfähige Zielmenge zwischen mindestens 3 und maximal 10 Zielen liegen.

Damit wird auch deutlich, daß in den Zielen nicht die gesamte Tätigkeit des Mitarbeiters abgebildet wird. Würden alle Tätigkeiten des Mitarbeiters in Ziele übersetzt, was ja möglich wäre, ergäben sich unerwünschte Begleiterscheinungen folgender Art: Die Zielvielfalt führt zur Einschränkung des notwendigen operativen Bewegungsspielraumes, die Motivationswirkung läßt nach, weil zu viel nebeneinander steht, die Termintreue geht vor Wichtigkeit. Neben den Zielen gibt es deshalb ein Set von Aufgaben, die erwartungsgemäß bewältigt werden müssen, weil sie die Tätigkeitsbasis darstellen.

Da Zielmanagement alle Ebenen einschließt, ergeben sich nach dem Modell der überlappenden Gruppen [53] die in Bild 3.3 dargestellten 3 Zielvereinbarungsparteien.

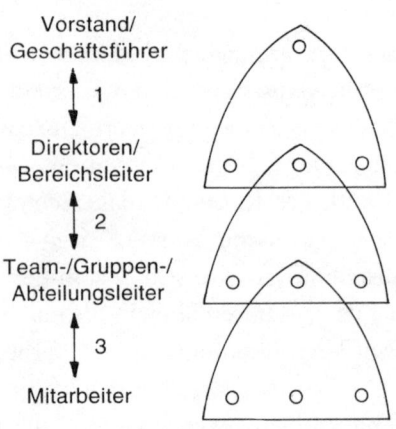

| Vorstand/
Geschäftsführer |
| Direktoren/
Bereichsleiter |
| Team-/Gruppen-/
Abteilungsleiter |
| Mitarbeiter |

Bild 3.3   Die Zielvereinbarungsparteien

Das Zielvereinbarungsgespräch

Jedes Gespräch hat eine Struktur- und Prozeßkomponente. Die Strukturkomponente bezieht sich auf den formalen Gesprächsaufbau und Gesprächsinhalt. Die Prozeßkomponente betrifft die Art und Weise der Gesprächsführung, also die Frage, wie die Gesprächspartner kommunikativ miteinander umgehen.

Die Strukturkomponente des Zielvereinbarungsgesprächs

Die strukturell-inhaltlichen Aspekte des Zielvereinbarungsgesprächs zeigen sich in der Zielqualität und Ablaufstrukur des Gesprächs. Hinsichtlich der Formulierungsqualität von Zielen gelten die bereits in Bild 2.3 genannten Kriterien. Damit zwischen Führungskraft und Mitarbeiter ein klar definiertes Zielbild entworfen wird, sollten in jedem Ziel möglichst viele der nachfolgenden 8 Kriterien enthalten sein.

1. Das Ziel muß konkret und schriftlich formuliert sein.
2. Für das Ziel muß ein Termin genannt sein, entweder ein Zeitpunkt oder ein Zeitrahmen.

3. Das Ziel sollte immer anhand beobachtbarer, nachprüfbarer Größen beschrieben sein, z.b. Umsatzzahlen, Qualitätsstandards, Reklamationsquoten, Zahl der täglich zu erreichenden Kundenkontakte, Quote der Neukunden usw.

4. in Ziel sollte möglichst als Bandbreitenziel formuliert werden, d.h. Unter- und Obergrenzen enthalten.

5. Das Ziel muß realistisch sein. Es sollte herausfordernd, aber nicht unrealistisch hoch oder zu niedrig sein.

6. Das Ziel ist so zu formulieren, daß der Mitarbeiter selbst beurteilen und kontrollieren kann, ob er am Ziel angekommen ist.

7. Das Ziel ist widerspruchsfrei zu anderen Zielen formuliert, so daß kein Zielkonflikt entsteht.

8. Das Ziel ist in eine Rangreihe zu anderen Zielen gebracht, so daß der Mitarbeiter weiß, was wichtig ist.

Sind Ziele anhand der 8 Punkte formuliert worden, so dürfte sich erfahrungsgemäß die Anzahl nachträglicher Interpretationskonflikte auf ein Minimum reduzieren.

Neben der Kenntnis der Zielkonstruktionskriterien kommt es ferner darauf an, das Zielvereinbarungsgespräch in der richtigen Ablaufstruktur anzugehen.

Wir gehen bei nachfolgendem Ablaufmodell davon aus, daß der Mitarbeiter von der Führungskraft in einem ersten Informationsgespräch mit dem jeweils übergeordneten Zielrahmen der Gruppe, des Bereichs oder des Unternehmens vertraut gemacht wurde. Weiterhin ist die Aufforderung an den Mitarbeiter ausgesprochen, für ein zweites Zielgespräch «seine Ziele» schriftlich zu fixieren. Gleiches hat der Vorgesetzte aus seiner Sicht, bezogen auf den Mitarbeiter, ebenfalls gemacht.

Dieser erste Schritt im Zielklärungsprozeß ist von besonderer Bedeutung. Man sollte Zielgespräche nie ohne genügende Vorbereitung im quasi luftleeren Raum führen. Die Folge davon sind nämlich «Wischi-Waschi-Ziele», unverbindliche Allgemeinplätze und fehlende Zielidentifikation auf beiden Seiten.

Bei hinreichend guter Vorbereitung gestaltet sich der Ablauf des Zielgesprächs nach dem in Bild 3.4 dargestellten Prozeß.

Zum besseren Verständnis noch einige Erläuterungen zum Ablaufplan für das Zielvereinbarungsgespräch.

1. Es ist für die «Gesprächschemie» wichtig, daß der Mitarbeiter seine Zielideen als erster ins Gespräch einbringt.

Und es ist Pflicht seitens des Vorgesetzten, hier zunächst zuzuhören und nicht gleich bei Abweichungen zur eigenen Zielvorstellung die Gesprächsführung an sich zu reißen.

2. Lassen Sie dem Mitarbeiter genügend Raum, um seine Bedenken, Befürchtungen und Hoffnungen zu artikulieren. Wie soll jemals eine Zielidentifikation gelingen, wenn alle Bedenken einfach vom Tisch gewischt werden?

3. Die Phasen 1 bis 4 sind u.U. mehrfach zu durchlaufen. Das hängt u.a. davon ab, wie weit die Zielvorstellungen der beiden Parteien voneinander entfernt sind.

4. Halten Sie bei Zielkonsens die gefundene Vereinbarung unmittelbar schriftlich fest, denn sonst haben Sie später mit Sicherheit «Erinnerungsprobleme».

5. Zum Zielfestlegen gehört auch die Absprache darüber, wie denn nun der Mitarbeiter konkret zum Ziel kommen wird, welche Zieletappen er nach und nach erreichen will.

Der Mitarbeiter sollte die Ziel-Maßnahmenpläne selbst erarbeiten. Auf diese Weise läßt sich am besten feststellen, ob das Ziel angenommen und verstanden wurde. Der Vorgesetzte greift nur dann helfend ein, wenn er Planungsmängel oder Ziel-Wege-Kombinationen entdeckt, die nicht gangbar sind.

6. Schließlich bleibt die Frage nach der Messung der Zielerreichung, sprich die Kontrolle zu klären, worauf wir im nächsten Schritt noch genauer eingehen werden.

Wichtig ist an dieser Stelle, daß man sich auf ein eindeutiges Kontrollverfahren geeinigt hat.

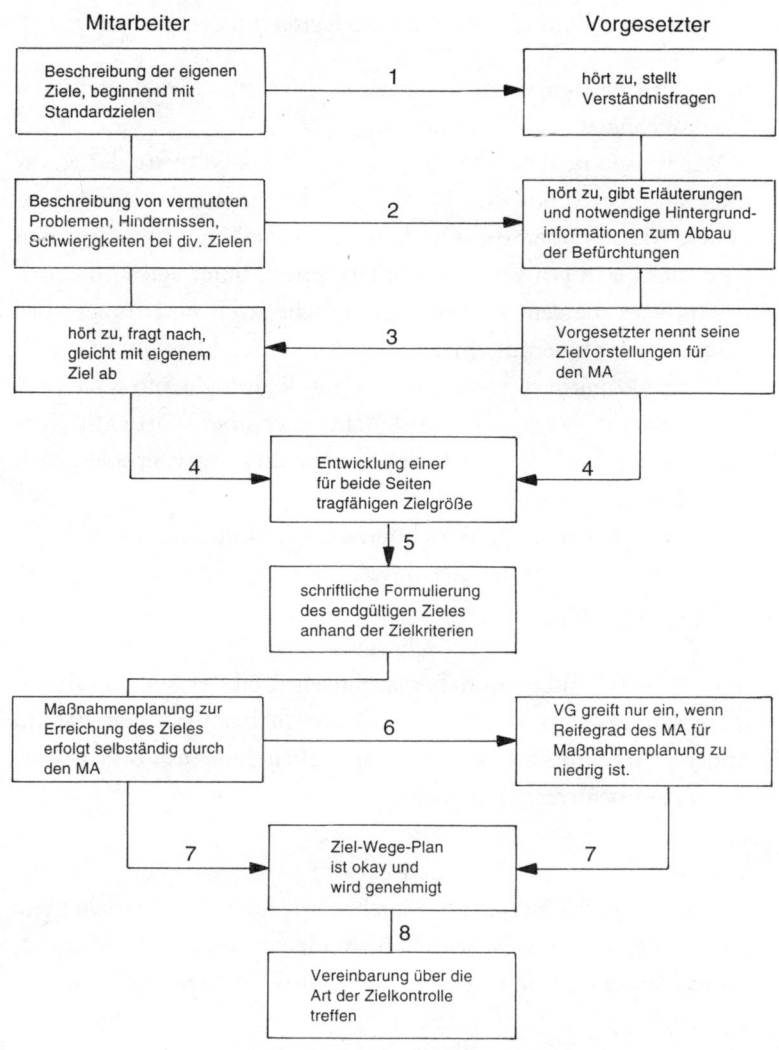

Mitarbeiter

Vorgesetzter

Beschreibung der eigenen Ziele, beginnend mit Standardzielen	1	hört zu, stellt Verständnisfragen
Beschreibung von vermuteten Problemen, Hindernissen, Schwierigkeiten bei div. Zielen	2	hört zu, gibt Erläuterungen und notwendige Hintergrundinformationen zum Abbau der Befürchtungen
hört zu, fragt nach, gleicht mit eigenem Ziel ab	3	Vorgesetzter nennt seine Zielvorstellungen für den MA

4 → Entwicklung einer für beide Seiten tragfähigen Zielgröße ← 4

5 → schriftliche Formulierung des endgültigen Zieles anhand der Zielkriterien

Maßnahmenplanung zur Erreichung des Zieles erfolgt selbständig durch den MA	6	VG greift nur ein, wenn Reifegrad des MA für Maßnahmenplanung zu niedrig ist.

7 → Ziel-Wege-Plan ist okay und wird genehmigt ← 7

8 → Vereinbarung über die Art der Zielkontrolle treffen

Bild 3.4   Ablaufplan für ein Zielvereinbarungsgespräch

In der Prozeßkomponente spiegelt sich wider, wie die beteiligten Gesprächspartner miteinander umgehen.

Wir wissen heute aufgrund gesicherter Erkenntnisse der Kommunikationspsychologie [54, 55], daß der Inhalt einer Kommunikation immer über die Qualität der Beziehung zwischen den Gesprächspartnern vermittelt, interpretiert, unterlegt wird. Insofern gibt es nie rein sachliche Gespräche, weil im Moment der Kontaktaufnahme mit einem Menschen eine unbewußte Grundhaltung aktualisiert wird. Diese Grundhaltung kann sich in 4 Formen manifestieren und wird maßgeblich über Wortwahl, Körpersprache, Tonfall, Sprechtempo, Lautstärke usw. im Gespräch übermittelt.

Die vier Formen der Beziehungsgrundhaltung zwischen Menschen sind wie folgt definiert [56, 57].

Ich+/Du+

Ich bin okay, und beim näheren Hinsehen gibt es keinen Grund, dich nicht auch als okay zu sehen. Es ist auch in Ordnung, daß du anderer Meinung bist als ich. Wir wollen gemeinsam Probleme lösen zum beiderseitigen Wohl.

Ich+/Du–

Ich bin okay, du bist nicht okay. Ich werde dir sagen, wo dein Platz ist. Probleme sind deine Schuld, nicht meine. Wenn du nicht wärst, hätte ich keine Probleme. Ich werde also versuchen, dich loszuwerden.

Ich–/Du+

Ich bin nicht okay, du bist okay. Ich sehe, daß du der Stärkere bist, und mache, was du sagst. Es wird das beste sein, wenn ich mich zurückziehe. Sag du mir doch, was ich tun soll. Ich halte mich erst mal mit meinen Forderungen, Ansprüchen, Wünschen usw. zurück.

	DU +	ICH +
ICH +	Konstruktiv mit dem MA umgehen. Gemeinsame, tragfähige Ziele finden. Zieldiskrepanzen offen ansprechen. Zielhintergründe werden erklärt. Wege zum Ziel klären (Maßnahmen). Klare Vereinbarung über Zielkontrolle. Gleichverteilung der Redeanteile. Positiver Ausklang des Gesprächs. Hohe Zielidentifikationen bei VG und MA.	

DU + — oberer Bereich

ICH − (oben links):

VG formuliert eigene Zielvorstellung nicht deutlich genug.
Bei Gegenargumenten des MA schnelles Nachgeben.
Zieldiskrepanzen bleiben offen.
Es wird über Ziel-Wege-Optionen diskutiert, aber kein fester Maßnahmenplan vereinbart.
Zielvereinbarung bleibt schwammig und global, was nachträglich Interpretationskonflikte begünstigt.
Kontrollmaßnahmen werden nur «andiskutiert».
Unverbindliches Auseinandergehen (Wir sollten uns da nochmal zusammensetzen!).
Geringe Zielidentifikationen bei VG und MA.

ICH + (oben rechts):

Konstruktiv mit dem MA umgehen.
Gemeinsame, tragfähige Ziele finden.
Zieldiskrepanzen offen ansprechen.
Zielhintergründe werden erklärt.
Wege zum Ziel klären (Maßnahmen).
Klare Vereinbarung über Zielkontrolle.
Gleichverteilung der Redeanteile.
Positiver Ausklang des Gesprächs.
Hohe Zielidentifikationen bei VG und MA.

ICH − (unten links):

Ziele werden nörglerisch formuliert.
Am liebsten möchte man gar nicht mit dem MA über Ziele reden.
VG glaubt, daß das Gespräch beim MA nichts bewirkt (Gespräch ist Zeitverschwendung).
Dem MA wird die Entscheidung überlassen, was er macht.
Keine konkreten Ziel-, Maßnahmen- und Kontrollabsprachen.
Lustloser Gesprächsausgang, der Hoffnungslosigkeit signalisiert.
Überhaupt keine Zielidentifikation bei VG und MA.

ICH + (unten rechts):

Es gilt, den MA möglichst schnell wieder loszuwerden.
Ziele werden einseitig festgesetzt, diktiert, verkündet.
MA soll alleine mit dem Ziel klarkommen.
Wege zum Ziel interessieren nicht bzw. werden nicht diskutiert.
Sparsame oder keine Zielhintergrundinformation (Das ist halt so!).
Kontrolle wird angedroht.
Zieldiskrepanzen werden unter den Tisch gekehrt.
Deutlich höherer Redeanteil des VG.
Fehlende Zielidentifikation beim MA.

DU − — unterer Bereich

Bild 3.5   Grundhaltung im Zielvereinbarungsgespräch

Ich–/Du–

Ich bin nicht okay, du bist nicht okay. Und weil das so ist, will ich mit dir nichts erreichen. Es ist mir egal, was bei unserem Gespräch herauskommt. Wofür soll man sich noch anstrengen? Es hat ja alles sowieso keinen Sinn.

Was bedeutet das nun konkret für die Gesprächsqualität im Zielvereinbarungsgespräch?

Zunächst ist wichtig, daß sich Führungskräfte der Tatsache bewußt sind, daß sie zu jedem Mitarbeiter eine der 4 Grundhaltungen bevorzugt einnehmen. Und unabhängig vom Inhalt bestimmt diese Grundhaltung darüber, wie man mit dem Mitarbeiter im Gespräch umgeht.

In welcher Art und Weise die Besetzung der jeweiligen Grundhaltung auf das Zielvereinbarungsgespräch wirkt, ist im Koordinatensystem von Bild 3.5 dargestellt.

Das gewünschte Gesprächsverhalten für Zielgespräche findet sich in der Ich+/Du+-Grundhaltung. Nun ist dies leider nicht die gängige Praxis, wie wir aus vielen Berichten wissen.

Erfreulicherweise zeigt sich aber, daß immer mehr Führungskräfte begreifen, daß nur im konstruktiven, herausfordernden Miteinander eine dauerhaft positive Gestaltung der Arbeitsbeziehung möglich ist.

Objektiv betrachtet stellt das Zielvereinbarungsgespräch schon hohe Anforderungen an die Führungskraft. Einerseits muß sie sicher den formal-organisatorischen Ablauf beherrschen, andererseits gleichzeitig eine ausgeprägte kommunikative Kompetenz besitzen.

Es liegt in der Natur der Sache, daß Führungskraft und Mitarbeiter bei den Zielen des öfteren divergierende Ansichten haben. Deshalb ist es wichtig, von seiten des Vorgesetzten eine Gesprächsführung zu wählen, die partnerorientiert ist.

Das bedeutet, insbesondere mit den Techniken des aktiven Zuhörens [58, 59], den Gesprächspartner zu öffnen und ins

Gespräch zu bringen. Wer andere führen will, muß sie erst einmal begleiten. Und es wird sehr früh, gleich zu Beginn des Gesprächs, entschieden, in welche Richtung der Zug fährt.

Durch den Gebrauch aktiver Zuhörreaktionen aktivieren Sie den Mitarbeiter und signalisieren, daß Sie ihn verstehen wollen, seine Bedenken ernst nehmen, ihn als Person akzeptieren, ohne gleichzeitig zum Inhalt ja zu sagen.

Als aktiver Zuhörer arbeiten Sie u.a. mit folgenden Gesprächstechniken [60]:

1. Wiederholung mit eigenen Worten
   («Sie sagen, daß dieses Ziel für Sie im Kern akzeptabel ist!»)
2. Zusammenfassende Wiederholung
   («Einerseits sagen Sie, daß das Ziel im Kern akzeptabel ist, andererseits haben Sie aber noch gewisse Bedenken!»)
3. Klärende Frage
   («Was meinen Sie mit *im Kern akzeptabel*»?)
4. Weiterführende Frage
   («Was bedeutet denn dieses Ziel für Sie?»)
5. Statements
   («Sie mögen dieses Ziel!»)
6. Ich-Botschaften senden
   («Ich freue mich, daß Sie dieses anspruchsvolle Ziel so positiv aufnehmen.»)

Partnerorientierte Gesprächsführung entspricht der Ich+/Du+-Position. Sie wirkt motivierend auf den Mitarbeiter, weil er als gleichberechtigter, aktiver Gesprächspartner auftreten kann. Im Sinne des Zielmanagements bewirkt diese Form der Gesprächsführung Zielpartizipation, Zielidentifikation und Zielmotivation gleichermaßen.

Die Zielkontrolle

Es ist immer wieder erstaunlich, festzustellen, wie negativ das Wort «Kontrolle» für viele Menschen besetzt ist. Dabei bedeutet «Kontrolle», richtig verstanden, Messung eines vorher festgelegten Wertes.

Scheinbar läuft aber die Alltagserfahrung nicht in diese objektivierende Richtung des neutralen Messens einer Größe. Demzufolge läßt sich begründet vermuten, daß die häufig anzutreffende Ablehnung der Kontrolle nicht so sehr mit der Kontrolle an sich zusammenhängt, sondern vielmehr mit der Art und Weise, wie sie durchgeführt und vom kontrollierten Menschen wahrgenommen und emotional bewertet wird.

Wir haben bereits ausgeführt, daß P. DRUCKER in der Selbstkontrolle ein charakteristisches, konstituierendes Element des Führens mit Zielen sieht. Und es besteht Einigkeit dahingehend, daß Zielvereinbarungen nur dann eine verhaltenssteuernde Wirkung haben, wenn sie auch kontrolliert werden.

Kontrolle ist Soll-Ist-Vergleich. Der Soll-Wert ist durch das Ziel festgelegt; der Ist-Wert ergibt sich durch Überprüfung dessen, was der Mitarbeiter geleistet hat.

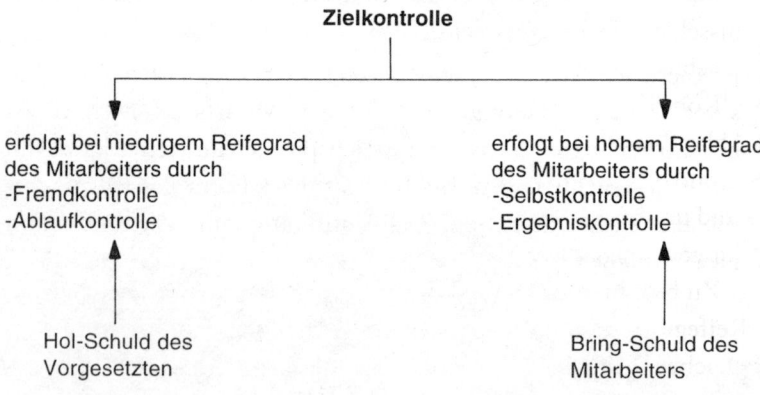

Bild 3.6   Zielkontrolle in Abhängigkeit vom Reifegrad des Mitarbeiters

Nun entspricht es der Alltagserfahrung, daß nicht alle Mitarbeiter im Sinne der Selbstkontrolle auf die Einhaltung der vereinbarten Ziele achten. Selbstkontrolle setzt einen gewissen Reifegrad des Mitarbeiters voraus.

Der Reifegrad ergibt sich aus dem Zusammenspiel folgender Faktoren:

1. dem Wollen, also der grundlegenden motivationalen Disposition;
2. dem Wissen, das sich aus Fachwissen und Erfahrungswissen zuammensetzt;
3. dem Können, sprich der tatsächlich nachweisbaren Beherrschbarkeit einer Handlung.

Und wenn Sie jetzt einmal vor Ihrem geistigen Auge die verschiedenen Mitarbeiter Revue passieren lassen, dann stellen Sie vermutlich ohne große Schwierigkeiten fest, daß bei dem einen das Wissen und Können vorhanden ist, es aber am Wollen mangelt oder umgekehrt, während bei anderen alle drei Faktoren eher positiv ausgeprägt sind.

Insofern ist es naheliegend, sich bei der Wahl des Zielkontrollverfahrens am Reifegrad des Mitarbeiters auszurichten, was dann die in Bild 3.6 dargestellten Formen annimmt.

Für die Wahl der Kontrollart ist der Reifegrad des Mitarbeiters ausschlaggebend. Verwechslungen im Reifegrad können zu unangenehmen Überraschungen führen.

Kontrollieren Sie einen Mitarbeiter mit hohem Reifegrad über Ablaufkontrolle, wird er u.U. mürrisch, weil er sich dauernd «kontrolliert» fühlt. Hat ein Mitarbeiter einen niedrigen Reifegrad und Sie setzen auf Selbstkontrolle, dann können Sie genauso gut gewinnen wie verlieren – letzteres wahrscheinlich häufiger.

Zu beachten ist auch, daß ein Mitarbeiter keinen konstanten Reifegrad für alle Ziele haben muß. In diesem Fall kommt beim gleichen Mitarbeiter sowohl Fremdkontrolle als auch Selbstkontrolle in Frage.

Wenn Fremdkontrolle erforderlich ist, erfolgt dies unter Berücksichtigung folgender Aspekte:

1. Erreicht der Mitarbeiter die vereinbarten Zwischenziele sicher?
2. Sind die Zwischenziele in der formulierten Form noch realistisch?
3. Benötigt der Mitarbeiter beratende Unterstützung?
4. Wie könnte der Mitarbeiter zu verstärkter Selbstkontrolle motiviert werden?

Im Falle der Selbstkontrolle prüfen Sie lediglich die endgültige Zielerreichung.

Der hohe Reifegrad des Mitarbeiters kommt natürlich im Kontrollgespräch zum Tragen, was sich in folgenden Verhaltensweisen dokumentiert:

1. Der Mitarbeiter schätzt den Zielerreichungsgrad und evtl. Abweichungen selbst ein.
2. Der Mitarbeiter nennt selbst Ursachen für Abweichungen.
3. Der Mitarbeiter nennt Vorgehensweisen, die zum Abbau unerwünschter Abweichungen führen.

Kontrolle ist Rückmeldung über das Ausmaß der Zielerreichung, und deshalb sollte es das Ziel der Kontrolle sein, Arbeitsergebnisse zu optimieren, zu helfen und zu fördern, Erfolgserlebnisse zu vermitteln und beim Mitarbeiter auf eine stetig wachsende Selbstkontrolltätigkeit hinzuarbeiten.

Unterlassene Kontrolle und Kontrolle ohne Rückmeldung führt zwangsläufig zu enttäuschten Mitarbeitern, zum Nachlassen der Zielstrebigkeit, zum Absinken der Kreativität und zu einem schlechten Klima.

Weil die Kontrolle von Zielen immer auch die Kontrolle von Menschen ist, spielen emotionale Faktoren eine gewichtige Rolle. Ihre eigene gefühlsmäßige Einstellung zur Kontrolle und zum zu kontrollierenden Mitarbeiter bestimmen maßgeblich, wie Sie letztlich kontrollieren.

Und damit Sie wissen, wie Sie nicht kontrollieren sollen, finden Sie nachfolgend die 5 häufigsten Fehler kurz charakterisiert:

- Oberflächliche Kontrolle: Der Vorgesetzte prüft nicht wirklich nach, sondern gibt sich mit lapidaren Fragen zufrieden, z.B.: «Wie geht's denn so, alles in Ordnung?»
- Geheime Kontrolle: Bei anderen Mitarbeitern wird über X nachgefragt oder in seiner Abwesenheit herumgeschnüffelt.
- Totale Kontrolle: Lückenlos werden alle Arbeitsvorgänge des Mitarbeiters kontrolliert, um anschließend in seinen Bereich rigoros eingreifen zu können.
- Negative Kontrolle: Kontrolle wird ausschließlich unter dem Gesichtspunkt der Fehlersuche betrieben. So kommt es dazu, daß Bagatellfälle aufgebauscht werden.
- Steckenpferd-Kontrolle: Es wird kontrolliert, was der Vorgesetzte subjektiv für wichtig hält. Meist werden Nebensächlichkeiten kontrolliert, weil sie das Steckenpferd des Chefs sind.

Die unerwünschten Kontrollformen entspringen den Grundhaltungen Ich+/Du- oder Ich-/Du+ oder Ich-/Du-. Solche Formen wird ein Mitarbeiter wohl kaum erbaulich finden, denn sie produzieren «Verlierer».

Damit Sie bei Ihren Zielkontrollen zukünftig noch mehr «Gewinner» produzieren, finden Sie nachfolgend 8 Schritte, die Ihnen helfen sollen, die Zielkontrolle zu einem normalen, akzeptierten, die Mitarbeiter unterstützenden Prozeß zu gestalten:

1. Prüfen Sie den Reifegrad des Mitarbeiters für ein Ziel bzw. für eine Aufgabe, und legen Sie dann fest, wie Sie kontrollieren wollen.
2. Prüfen Sie die erreichten Resultate und nicht das Verhalten, die Meinung oder die Einstellung des Mitarbeiters.
3. Gehen Sie nach dem Grundsatz vor: so viel Selbstkontrolle wie möglich – so wenig Fremdkontrolle wie nötig.
4. Vereinbaren Sie mit dem Mitarbeiter, was wann wie kontrolliert wird.

5. Kontrollieren Sie bei hohem Reifegrad auch mal «zwischendurch», und vereinbaren Sie bei niedrigem Reifegrad immer feste Zwischenkontrollen.

6. Vereinbaren Sie generell, daß bei plötzlichen, unerwarteten, außerhalb der Norm liegenden Abweichungen sofort eine Rückmeldung durch den Mitarbeiter erfolgt, um noch korrigierend eingreifen zu können.

7. Informieren Sie grundsätzlich den Mitarbeiter über das Kontrollergebnis, um Befürchtungen und Spekulationen zu verhindern.

8. Treffen Sie neue Ziel- und Kontrollvereinbarungen, falls dies notwendig ist.

Das jährliche Zielsetzungs- und Beurteilungsgespräch

Das jährlich stattfindende Zielsetzungs- und Beurteilungsgespräch (Z+B-Gespräch) verbindet, wie die Bezeichnung schon sagt, zwei Elemente miteinander: zum einen die Beurteilung der abgelaufenen Leistungsperiode, zum anderen die Zielsetzung für die bevorstehende Leistungsperiode. Dieses Jahresgespräch hebt sich deutlich von den unterjährig zu führenden Controllinggesprächen ab, weil es aus einer ganzheitlichen Perspektive das Zusammenwirken von Mitarbeiter und Führungskraft im Unternehmen betrachtet.

Die Beurteilung von Mitarbeitern war zu allen Zeiten ein mehr oder weniger heiß diskutiertes Thema in Unternehmen. In den letzten Jahren ist aber eine deutliche Akzentverschiebung in der «Beurteilungsdiskussion» zu vernehmen, die sich in folgenden Punkten widerspiegelt:

1. Wir gehen heute davon aus, daß ein Mitarbeiter im Rahmen betrieblicher Zielmanagementsysteme am Ende der Leistungsperiode eine umfassende Rückkopplung über seine Gesamtleistung braucht.

2. Die systematische Mitarbeiterbeurteilung zählt heute zu einem der wichtigsten Instrumente der Personalentwicklung.

3. Der Terminus «Mitarbeiterbeurteilungsgespräch» wird immer weniger verwandt. Statt dessen finden wir solche Bezeichnungen wie: Beratungs- und Fördergespräch, Beurteilungs- und Fördergespräch, Zielsetzungs- und Beurteilungsgespräch, Fördergespräch usw.

4. Der «Beratungsanteil» steht inzwischen gleichrangig neben dem klassischen «Beurteilungsanteil» und dient zur Findung geeigneter kurz- und mittelfristiger Personalentwicklungsmaßnahmen für den jeweiligen Mitarbeiter.

5. Das Mitarbeiterbeurteilungsgespräch klassischer Prägung war oft ein «verdecktes Gehaltsgespräch» und dementsprechend taktisch orientiert geführt, sowohl von der Führungskraft als auch vom Mitarbeiter. Das Z+B-Gespräch ist deshalb kein Gehaltsgespräch! Es findet bewußt eine Entkopplung statt.

6. Die Führungskräfte werden verpflichtet, sich mit den Mitarbeitern nicht nur aus dem Blickwinkel von «Leistungsträgern» zu beschäftigen, sondern aus der ganzheitlichen «Personen-Perspektive».

7. Der motivationale Aspekt gewinnt deutlich an Gewicht. Es soll kein einseitig von der Führungskraft festgelegtes «Urteil» verkündet werden, sondern auf der Basis der Selbsteinschätzung des Mitarbeiters und der Fremdeinschätzung durch den Vorgesetzten eine Beurteilung erfolgen.

Das moderne, zeitgemäße Z+B-Gespräch verbindet die Rückschau mit der Vorschau. Man möchte wissen, welche Zielvorstellungen Mitarbeiter bezüglich ihrer Arbeit, ihres Vorankommens im Unternehmen, der im nächsten Jahr zu erbringenden Leistungen usw. haben.

Das Z+B-Gespräch findet einmal jährlich zwischen dem unmittelbaren Vorgesetzten und dem Mitarbeiter statt. Es ist eine Gesamtbetrachtung des zurückliegenden Jahres und stellt sozusagen eine «lange Rückkopplung» dar. Z+B-Gespräche sind kein

Phase	Inhalt
1	Allgemeiner Datenteil (Name, Funktion, Abteilung/Bereich des Mitarbeiters und Vorgesetzten, Beurteilungszeitraum)
2	Meßgrundlagen für die Beurteilung des Mitarbeiters a) Hauptaufgaben des Mitarbeiters b) Ziele des Mitarbeiters
3	Leistungseinschätzung anhand festgelegter Kriterien
4	Entwicklungsmöglichkeiten des Mitarbeiters a) Personalentwicklungsmaßnahmen für das nächste Jahr b) Mittelfristige Zukunftsvorstellungen (3 bis 5 Jahre)
5	Stellungnahme des Mitarbeiters und Vorgesetzten zum Ergebnis des Z+B-Gesprächs

Tabelle 3.3   Die 5 Phasen eines Z+B-Verfahrens

Ersatz für die im Arbeitsalltag stattfindenden, ereignisorientierten Zielkontrollgespräche (kurze Rückkopplungen). Die Gesprächsdauer liegt im Durchschnitt zwischen ein und zwei Stunden pro Mitarbeiter.

In dieser Form ist das Z+B-Gespräch keine ritualisierte Pflichtübung, sondern eines der wichtigsten Steuerungs- und Motivationsinstrumente im Führungsalltag.

Das Z+B-Verfahren hat insgesamt 5 Phasen, wie in Tabelle 3.3 dargestellt. Zur inhaltlichen Gestaltung der einzelnen Phasen ist folgendes anzumerken:

Phase 1: Allgemeiner Datenteil
Hier werden die üblichen demographischen Daten erfaßt. Die konkrete Ausgestaltung ist immer unternehmensspezifisch.

Phase 2: Meßgrundlagen für die Beurteilung
Verhalten entsteht immer aus dem Zusammenspiel von Personeneigenschaften und Handlungsumwelt. Eine reine Beurteilung von Personeneigenschaften ist deshalb auch sehr fragwürdig. Vielmehr

120

muß die Handlungsumwelt, in der Mitarbeiter agieren, anhand möglichst objektiv erfaßbarer Größen beschrieben werden.

Im Z+B-Verfahren bezieht sich deshalb eine MA-Beurteilung immer auf *vorher* klar definierte Hauptaufgaben und/oder Ziele.

Hauptaufgaben werden dort vereinbart, wo durch die Art der Tätigkeit eher sich wiederholende Anforderungen gestellt werden und Ziele anhand objektiver Größen nicht im voraus festzulegen sind. Dabei sollte man sich in der Beschreibung auf 5 bis 8 Hauptaufgaben beschränken. Für eine Sekretärin könnte das dann z.B. wie folgt lauten:

1. Selbständige Erledigung des gesamten Schriftverkehrs.
2. Terminplanung des Chefbüros in Abstimmung mit Ressortleiter.
3. Pflege des Datenbanksystems «Büro-Dat».
4. Anfertigung von Sitzungsprotokollen und Präsentationsunterlagen usw.

Ziele werden dort vereinbart, wo eine genaue Vorstellung über die zu erreichenden Leistungen eines Mitarbeiters existieren. Hier werden dann die bereits bekannten Zielarten vereinbart (Tabelle 3.4).

Wir weisen noch einmal ausdrücklich darauf hin, daß im Z+B-Verfahren nur die wichtigsten 3 bis 7 Ziele Gegenstand der Beurteilung sind.

Zielart	Zielformulierung
Standardziel	700 000 DM Jahresumsatz in der Produktgruppe aromatisierte Schwarztees.
Problemlösungsziel	Reduzierung der Kundenreklamation bei ATEX 2 auf mind. 1,5% der Aufträge.
Innovationsziel	Entwicklung eines Fehlersuchprogramms für Produkt X bis zur Testreife bis spätestens Oktober nächsten Jahres.

Tabelle 3.4   Zielarten

121

Nach Abschluß der zweiten Phase wird klar, woran der Mitarbeiter konkret zu messen ist. Der Erfüllungsgrad des Ziels ist dann vom Vorgesetzten entsprechend zu bewerten.

Phase 3: Leistungseinschätzung anhand personenbezogener Kriterien

Zur Erfüllung von Hauptaufgaben und/oder Zielen benötigt ein Mitarbeiter *Leistungsvoraussetzungen*, die mehr oder weniger gut in den Leistungsprozeß eingebracht werden. Die Festlegung dieser Leistungskriterien ist eine Kernaufgabe bei der Konzeption eines Z+B-Verfahrens. Man muß dabei fragen, welche Leistungsvoraussetzungen ein Mitarbeiter im Unternehmen mitbringen muß.

In aller Regel finden wir dann allgemeinere Leistungsvoraussetzungen (z.B. Fachwissen, Belastbarkeit, Zuverlässigkeit, Zusammenarbeit, Engagement usw.), aber auch unternehmensspezifische Kriterien (z.B. Kostenbewußtsein, Umstellungsfähigkeit usw.).

Leistungsvoraussetzungen sind sehr sorgfältig zu bestimmen, und es sollten mindestens drei Gesichtspunkte beachtet werden:

1. Das Beurteilungssystem wird nicht dadurch besser, daß man möglichst viele Kriterien aufschreibt. Ein Verfahren mit 11 bis 13 Kriterien ist schon recht anspruchsvoll.
2. Die Kriterien müssen inhaltlich sauber, d.h. trennscharf sein. Je mehr Kriterien vorhanden sind, um so größer ist die Wahrscheinlichkeit, daß unter verschiedenen Bezeichnungen dasselbe gemessen wird.
3. Die Kriterieninhalte sind schriftlich festzuhalten, so daß man im Z+B-Gespräch auf eine für alle verbindliche Definition zurückgreifen kann.

Neben den Leistungskriterien sind noch die *Leistungsstufen* festzulegen. Zwei Drittel aller Beurteilungsverfahren sind auf eine fünfstufige Bewertungsskala hin ausgelegt.

Wichtig ist auch hier, daß die Bewertungsstufen sauber definiert sind. Aus der Erfahrung mit vielen Beurteilungsverfahren sollte man darauf achten, daß die Leistungsskala nicht mit Schulnoten belegt wird und die Skalenpolung so erfolgt, daß Stufe 1 die schwächste und Stufe 5 die stärkste Bewertung einer Leistungsvoraussetzung darstellt.

Phase 4: Entwicklungsmöglichkeiten des Mitarbeiters
Nachdem nun beurteilt worden ist, mit welchem Ausprägungsgrad (von 1-5) bei jedem Leistungskriterium ein Mitarbeiter zur Erfüllung der Hauptaufgaben und/oder Ziele gekommen ist, ergeben sich zumeist klare Anhaltspunkte für eine *Stärken-Schwächen-Analyse.*

Ziel ist es, darauf aufbauend persönliche Entwicklungsziele zu vereinbaren, die dem Mitarbeiter helfen sollen, zukünftig seine Aufgaben und Ziele noch besser zu erreichen. Und hier gilt: kleckern, nicht klotzen! Vereinbaren Sie wenig, aber setzen Sie das auch um. Denken Sie bitte daran, daß im Folgejahr das nächste Z+B-Gespräch kommt, wo die Kontrolle der vereinbarten Maßnahmen ansteht.

Wir wollen heute in der Personalführung möglichst viele Indikatoren darüber haben, wie ein Mitarbeiter sich seine mittelfristige Zukunft vorstellt. Deshalb ist das Z+B-Gespräch der richtige Anlaß, um darüber zu sprechen. Wer vorankommen will, braucht dafür Chancen. Anbieten kann man aber nur dann etwas, wenn der Vorgesetzte weiß, wohin ein Mitarbeiter sich mittelfristig entwickeln möchte. In dieser Phase des Gesprächs sollte der Vorgesetzte keine Laufbahnplanung entwickeln, sondern erst einmal nur den Erwartungshorizont «abklopfen».

Phase 5: Stellungnahme des Mitarbeiters und Vorgesetzten
In dieser fünften Phase des Verfahrens können Vorgesetzter und Mitarbeiter schriftlich Anmerkungen zum Z+B-Gesprächsergebnis machen.

Es ist ja nicht das Ziel des Gesprächs, daß die Beteiligten so lange miteinander streiten, bis einer nachgibt und die Beurteilung resigniert unterschreibt. Einigung um jeden Preis liefe dem Fördercharakter total entgegen. Deshalb kann der Mitarbeiter schriftlich festhalten lassen, mit welchen Punkten der Bewertung er nicht übereinstimmt. Der Vorgesetzte kann ebenfalls begründen, weshalb er z.B. beim Kriterium «Fachwissen» Mängel sieht. Kann man sich grundlegend nicht einigen, so besteht auch die Möglichkeit eines zweiten Gesprächs unter Beteiligung Dritter (nächsthöherer Vorgesetzter, Personalchef usw.).

Das bisher dargestellte Verfahren soll eine zuverlässige Beurteilung von Mitarbeitern gewährleisten. Es ist aber nur ein Teil des ganzen Prozesses. Letztlich sind Bewertungen immer subjektiv.

Für ein möglichst hohes Maß an Objektivität in der Beurteilung von Mitarbeitern sind folgende Verhaltensweisen hilfreich:

1. Sammeln Sie möglichst viele arbeitsplatz- und tätigkeitsbezogene Informationen.

2. Definieren Sie – wo immer es geht – klare Ziele.

3. Beurteilen Sie einen neuen Mitarbeiter frühestens nach 6 Monaten der Zusammenarbeit.

4. Verschaffen Sie sich Klarheit über Ihre persönliche Mitarbeiter-Sympathie-Rangreihe. Achten Sie bewußt bei weniger sympathischen Mitarbeitern auf deren Stärken.

5. Machen Sie sich auch während des Jahres Notizen über besonders gute und weniger gelungene Leistungen und Zielerfüllungen, damit nicht der gute oder schlechte Eindruck des letzten Quartals Ihr Urteil prägt.

6. Versuchen Sie Verteilungseffekte zu vermeiden. Nutzen Sie die ganze Skalenbreite der Bewertung aus.

7. Werden Sie sich Ihrer momentanen Stimmung vor einem Z+B-Gespräch bewußt. Gab es kurz vorher starke emotionale Störungen mit dem Mitarbeiter, dann verschieben Sie lieber den Termin.

8. Fangen Sie ein Beurteilungsgespräch immer mit positiven Leistungskriterien an. Die Reihenfolge der Kriterien im Beurteilungsbogen ist nicht relevant für Ihre Gesprächsführung.

9. Machen Sie am Ende des Gesprächs bitte keine zusammenfassende Bewertung. Argumentieren Sie im Verlauf des Gesprächs sachlich und differenziert.

10. Vermitteln Sie Ihren Mitarbeitern, daß es wichtig ist, mit einem ausgefüllten Bogen (Selbsteinschätzung) in das Z+B-Gespräch zu kommen, so daß Vorgesetzter und Mitarbeiter nicht aus dem Hut zaubern müssen, sondern gut fundierte Beobachtungen die Gesprächsgrundlage darstellen.

Und damit Sie selbst gut präpariert ins Z+B-Gespräch mit Mitarbeitern gehen, ist es angebracht, die in der Checkliste formulierten Fragen vorher zu beantworten.

Checkliste: Die psychologische Vorbereitung des
Z+B-Gesprächs

1. Habe ich genügend objektive Fakten gesammelt, um meine Leistungseinschätzung dem Mitarbeiter nahebringen zu können?
2. Welche Erwartungen wird der Mitarbeiter vermutlich an mich haben?
3. Was erwarte ich im Gespräch vom Mitarbeiter?
4. Was will ich bei starken emotionalen Reaktionen seitens des Mitarbeiters tun?
5. Welche zurückliegenden, alten Ereignisse gibt es, die mein Urteilsbild noch nachhaltig positiv oder negativ bestimmen?
6. Welche Fragen will ich dem Mitarbeiter unbedingt stellen?
7. Welche Kritikpunkte muß ich unbedingt so formulieren, daß sie das Verhalten des Mitarbeiters beschreiben und nicht zum persönlichen Angriff werden?
8. Welche Auswirkungen hat möglicherweise der Sympathie-Effekt auf meine Beurteilung?
9. Wie will ich sicherstellen, daß die Redeanteile nicht ungleichgewichtig ausfallen?
10. Welche Ziele will ich für den nächsten Beurteilungszeitraum mit dem Mitarbeiter vereinbaren?

Kapitel 4

GRUPPEN ZIELORIENTIERT FÜHREN

Der Ziel-Workshop mit Gruppen

Im Rahmen des Zielmanagement-Modells kommt dem Ziel-Workshop auf Gruppenebene eine wichtige Synchronisierungsfunktion zwischen Unternehmen und einzelnem Mitarbeiter zu.

In der praktischen Umsetzung des Führens mit Zielen läuft der Gruppenprozeß in etwa zeitgleich zum Mitarbeiter-Zielbildungsprozeß ab. Beide sind eng miteinander verknüpft. Die betreffenden Gruppen sind dabei einzelne Teams oder ganze Abteilungen innerhalb eines Bereichs. Ausgehend von der Organisationsstruktur des jeweiligen Unternehmens sind Ziel-Workshops einmal innerhalb des Bereichs mit allen Abteilungen möglich, zum anderen dann auch innerhalb der einzelnen Abteilungen mit allen Mitarbeitern.

Was sollen nun die Ziel-Workshops leisten? Zunächst geht es darum, den Gesamtzielrahmen der Gruppe zu definieren. Als Dateninput dienen die von der Geschäftsleitung vorgegebenen Unternehmensziele und Durchbruchziele. Hinzu kommen dann noch die im eigenen Bereich bzw. in der eigenen Abteilung generierten Ziele. Die Gruppe soll weiterhin ein Umsetzungsprogramm entwickeln, das aufzeigt, wie diese Ziele erreicht werden sollen. Naturgemäß werden hier auch schon Orientierungspunkte für den einzelnen Mitarbeiter gesetzt.

Es soll aber nicht so sein, daß die Gruppe die Ziele des einzelnen ausformuliert, sondern nur den Gruppen-Zielrahmen definiert, so daß der Mitarbeiter seine Ziele möglichst selbständig formulieren kann.

Schließlich zählt es zur Aufgabe der Gruppe, ein Verfahren zu beschließen, mit dem die Zielfortschritte zu messen sind.

Angesichts der gravierenden Veränderungen in der Strukturorganisation vieler Unternehmen hin zur Teamorganisation wird der Ziel-Workshop zukünftig stark an Bedeutung gewinnen.

Eine solche Veranstaltung erfordert eine besondere Art der Leitung. Es soll ja keine Verkündigungsveranstaltung mit passivem Zur-Kenntnis-Nehmen von Zielvorstellungen der übergeordneten Führungsebene sein, sondern ein Workshop, bei dem es um die gemeinsame Erarbeitung von Zielen im Rahmen definierter Leitplanken geht.

Von der jeweiligen Führungskraft (Bereichs-, Abteilungs-, Gruppen- oder Teamleiter) ist deshalb eine nicht-direktive Leitung gefordert. Konkret heißt das, daß Dominanzanteile des Vorgesetzten auf das Notwendigste reduziert und die Integrationsanteile zur Aktivierung und Einbindung der Gruppenmitglieder deutlich erhöht werden. Es geht nicht um rhetorische Brillanz einzelner; der Ziel-Workshop an sich ist schon ein Prüfstein für den Grad der Teamfähigkeit.

Nicht-direktives Führen von Gruppen bedeutet den Einsatz von Moderationstechniken. Die Führungskraft muß dafür die grundlegenden Techniken der moderierten Gruppenarbeit sicher beherrschen.

Wir werden in den nachfolgenden Abschnitten dieses Kapitels die wichtigsten Techniken der moderierten Gruppenarbeit darstellen, so daß Sie bei Bedarf zur Gestaltung eines Ziel-Workshops darauf zurückgreifen können.

Ferner möchten wir zur besseren Verständlichkeit ein Workshop-Design vorstellen, das einen zweitägigen Ziel-Workshop auf Bereichsebene skizziert (Tabelle 4.1). An dieser Veranstaltung nehmen der Bereichsleiter und alle Abteilungsleiter teil. Im konkreten Praxisfall waren dies 9 Personen.

1. Tag «Ziel-Workshop»

Zeit	Inhalt	Methode
8.30	Ziele und Erwartungen klären Warming-up der Gruppe mit folgender Frage: «Welche Bedeutung hat dieser Ziel-Workshop für Sie persönlich?» «Was erwarten Sie von diesen 2 Tagen?» FAZIT = Erwartungs-Ziel-Horizont geklärt	Einpunkt-Frage mit gleitender Skala Zuruf-Frage geleitete Gruppendiskussion
9.15	Darstellung der für das neue Geschäftsjahr anvisierten Unternehmens-/Bereichsziele Einordnung der Ziele in einen systemischen Gesamtzusammenhang (Strategielinie, Dreijahreszielbezug usw.) Durchbruchzielbereiche darstellen und begründen	Präsentation durch Vorgesetzten Präsentation durch Vorgesetzten Präsentation durch Vorgesetzten
10.00	Pause	
10.15	Verständnisfragen zum Gesamtzielrahmen klären	geleitete Gruppendiskussion
10.45	Ableitung der Bereichs- und Abteilungsziele: Frage: «Was ist der zu leistende Zielbeitrag unseres Bereichs zur Erreichung der Ziele?» Bewertung der erhaltenen Ziellandschaft mit folgender Frage: «Welchen Zielen kommt im Sinne der Durchbruchziele besondere Bedeutung zu?» Diskussion der erhaltenen Ergebnisse	Karten-Frage Mehrpunkt-Frage
12.30	Pause	
14.00	Erarbeitung relevanter bereichsinterner Ziele «Welche Ziele ergeben sich bereichsintern für das neue Geschäftsjahr?» «Welches Ziel ist für uns von besonderem Gewicht?» Diskussion der erhaltenen Ergebnisse	Karten-Frage Mehrpunkt-Frage geleitete Gruppendiskussion
15.45	Pause	
16.00	Erstellen einer vorläufigen Gesamtzielübersicht mit Klassifizierung nach Durchbruch-, Standard-, Problemlösungs- und Innovationszielen	Gruppenarbeit
18.15	Tagesbilanz und Ausblick auf den morgigen zweiten Tag Tagesbewertung mit folgender Frage: «Den heutigen Tag bewerte ich wie folgt ...»	Einpunkt-Frage mit gestufter Skala

Tabelle 4.1 Design eines Ziel-Workshops

129

2. Tag «Ziel-Workshop»

Zeit	Inhalt	Methode
8.30	Bearbeitung der Ziele im Hinblick auf zu erwartende Risiken und Hindernisse Frage: «Mit welchen Hindernissen ist bei der Zielumsetzung erfahrungsgemäß zu rechnen und was wollen wir dagegen tun?» Präsentation der Kleingruppenergebnisse und Bewertung in der Gruppe	Kleingruppenarbeit (jeweils 3 Personen bearbeiten eine Zielmenge)
10.00	Pause	10.15
10.15	Bearbeitung der Ziel-Weg-Frage unter Berücksichtigung der thematischen Hindernisse und möglicher, interner Zielschnittstellen Frage: «Welche Maßnahmenpläne sind zur Erfüllung der Ziele notwendig?» Präsentation der Kleingruppenergebnisse und Bewertung in der Gruppe	Kleingruppenarbeit (wie vor)
12.30	Pause	
14.00	Endgültige Festlegung der Bereichs-/Abteilungsziele Klärung, auf welche Weise das Ziel-Controlling geschehen soll	geleitete Diskussion
16.00 16.30	Fazit und Ausklang Frage: «Wie bewerten Sie den gesamten Ziel-Workshop?» Abschlußdiskussion mit den Fragen: «Was war gut?» «Was können wir zukünftig anders/besser machen?» ENDE	Einpunkt-Frage mit Koordinatenfeld Blitzlicht von jedem Teilnehmer

Tabelle 4.1 Design eines Ziel-Workshops

130

Die Führungskraft als Moderator

Es ist in der Praxis ein immer wieder zu beobachtendes Phänomen, daß viele Führungskräfte Fragen, Probleme oder Themen viel lieber im vertrauten Zweiergespräch bearbeiten als in Gruppen. Dafür ist zum einen die meist langjährige, gewohnheitsmäßige Übung verantwortlich, zum anderen aber sicherlich eine gehörige Portion Unsicherheit im Umgang mit Gruppen. Den klassischen Dialog mit Mitarbeitern hat man halt «drauf», und in vielen Trainings wurde ja auch die Dialogtechnik intensiv trainiert.

Hinzu kommt noch, daß in der gewohnten Zweier-Dialog-Situation das Ausmaß der Kontroll- und Steuerungsmöglichkeiten durch die Führungskraft groß ist.

In der Führung von Arbeitsgruppen stellt man dann leider fest, daß die Dialogtechnik mit zunehmender Gruppengröße versagt. Es ist nicht mehr möglich, den Kommunikationsprozeß allein über Reden so zu steuern, daß alle Gruppenmitglieder gleichermaßen intensiv einbezogen werden. Das führt sehr schnell zu den allseits bekannten gruppenpsychologischen Verhaltensweisen, wie z.B. Cliquenbildung; sehr starkes Aktivitätsgefälle, weil einige dominieren; ausgeprägtes passives Verhalten durch beteiligungsloses Herumsitzen; Hierarchiebildung usw.

Auch hinsichtlich seines Kontroll- und Steuerungseinflusses erlebt die Führungskraft in einer Gruppe viel öfter einen erhöhten Behauptungswillen einzelner Mitglieder, mehr Abhängigkeit vom Stimmungszustand der Gruppe, es werden unbequeme Fragen gestellt oder nicht gewünschte Lösungen gefordert.

Alles in allem kann man sagen, daß die einfache Übertragung von Dialogsteuerungstechniken («leading by talking») auf Gruppengesprächssituationen nicht funktioniert.

Zur effizienten Führung von Gruppen kommt man erst durch den Einsatz entsprechender Gruppensteuerungstechniken. Das bedingt neben der Kenntnis derartiger Verfahren auch eine Verhaltensänderung im Umgang mit der Gruppe seitens der Führungskraft: *Statt dirigieren ist moderieren gefragt.* Was dies im einzelnen bedeutet, erörtern wir nachfolgend.

Wertewandel bedeutet Führungswandel

Da wir in einem Zeitalter gravierender und immer schneller werdender Veränderungen von Arbeitsstrukturen und -prozessen leben, müssen wir uns ernsthaft mit der Frage auseinandersetzen, welche Anforderungen eine Führungskraft heute in der Führung von Mitarbeitern erfüllen muß.

Führung kann nicht mehr ausschließlich bedeuten, daß einer dirigistisch sagt, was zu tun ist. Vielmehr ist Führung als ein Kontinuum zu verstehen, an dessen einem Pol das eher dirigistische Führen und an dessen anderem Pol das begleitende Führen (Moderation) stehen. Effizientes Arbeiten zwischen Abteilungen, Arbeitsgruppen und Firmen sowie in Projektteams, Qualitätsgruppen, Problemlösungsgruppen und Workshops erfordert eine Art der Führung, die das Leistungspotential der Gruppe zur Entfaltung bringt.

Moderation fördert durch aktivierende Gestaltung des Kommunikationsprozesses die Eigenverantwortung, Offenheit und aktive Mitarbeit aller Gruppenmitglieder. Der Moderator ist dabei der Motor, der den Gruppenprozeß antreibt und steuert. Eine Gruppe zu moderieren bedeutet folglich: begleitendes Steuern; anregen und fördern; ermutigen, unkonventionelle Ideen und Meinungen zu äußern; mehr fragen als sagen; mehr zuhören als reden.

Moderieren setzt einen bestimmten Umgangsstil mit der Gruppe voraus. Der Moderator tritt nicht als potentieller Besserwisser auf, der die schnellen Antworten und Lösungen parat hat. Er führt die Gruppe arbeits- und beziehungsmäßig; thematisiert Spannungen und Widerstände, statt sie wegzudrücken; er kann selbst mit unklaren Situationen umgehen und Konflikte aushalten. Der Moderator hält die Gruppe auf Zielkurs, indem er sich selbst zurücknimmt, ohne den Führungsanspruch aufzugeben. Dazu bedarf es einer gehörigen Portion methodischer und sozialer Kompetenz (Bild 4.1).

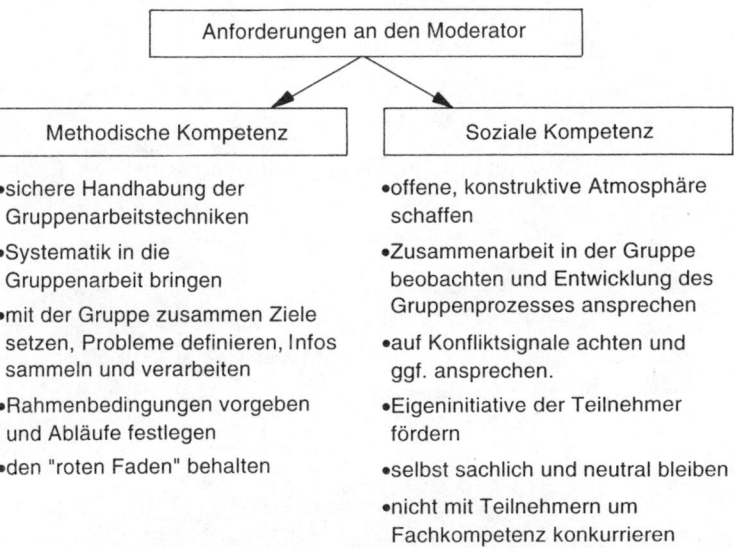

Bild 4.1   Kompetenzen des Moderators

	DU +	**DU +**
ICH –	nimmt sich zu stark zurück präzisiert Ziele nicht überläßt zuviel der Gruppe thematisiert Konflikte nicht läßt Dominanz einzelner zu stellt zu wenig Fragen wirkt gehemmt und unklar	klärt die Arbeitsziele sorgt für entspannte Atmosphäre ist im Gleichklang mit der Gruppe greift Aussagen auf stellt Fragen klärt Widersprüche auf macht Standpunkte klar lobt und gibt Bestätigung
ICH –	signalisiert Lustlosigkeit verfolgt kein klares Ziel bezweifelt Umsetzbarkeit der Ergebnisse läßt die Gruppe laufen distanziert sich, wenn's drauf ankommt bezweifelt Kompetenz der Gruppe greift Widersprüche, Konflikte usw. nicht auf	tritt besserwissend auf verfolgt eigene Ziele wirkt oft ironisch läßt nicht ausreden drückt unbequeme Aussagen und Fragen weg hört nicht aktiv zu kritisiert unsachlich
	DU –	**ICH +**

Bild 4.2 Grundhaltungen und Moderatoren-Verhalten

Die psychologische Grundhaltung des Moderators

Moderation lebt sowohl von der sachlich richtigen Auswahl und Handhabung der Techniken als auch von der psychologischen Grundeinstellung des Moderators zur Gruppe. Für das Klima, die Kreativität und die Arbeitsergebnisse einer Gruppe ist die psychologische Grundhaltung des Moderators ein gar nicht hoch genug einzuschätzender Faktor. Welche Auswirkungen die Einnahme der jeweiligen Grundeinstellung auf den Umgang mit der Gruppe hat, zeigt die Übersicht in Bild 4.2.

Basisannahmen der Moderation

Moderierte Gruppenarbeit ist unter anderem deshalb so erfolgreich, weil ganz bestimmte Basisannahmen über das Verhalten von Menschen in Arbeitsgruppen unterstellt und darauf aufbauende Verhaltensweisen eingefordert werden. Die wichtigsten Basisannahmen der Moderation lauten:

1. Gruppenprozesse sind so zu gestalten, daß sich alle Gruppenmitglieder in jeder Phase der Gruppenarbeit artikulieren können.
2. Arbeitsprozesse in Gruppen sind so zu gestalten, daß jedes Gruppenmitglied jederzeit sehen kann, was erarbeitet wurde.
3. Gruppenarbeit sollte nach der SOGE-Formel gestaltet werden, was bedeutet:

S ammeln von Meinungen, Stimmungen usw.
O rdnen von Beiträgen, Aussagen usw.
G ewichten von Argumenten, Lösungen, Ursachen usw.
E ntscheiden, was zu tun ist.

Sie können diese Formel auch rückwärts lesen, dann erhalten Sie «EGOS». (Wir warnen allerdings nachdrücklich davor, aus «EGOS» «SOGE» zu machen, weil dies dauerhaft Mitarbeiter demotiviert.)

4. Visualisierte Meinungsäußerungen sind rein sprachlichen (verbalen) vorzuziehen, denn wenn in Gruppen viel verbalisiert wird, leidet die Transparenz.

Diese vier Basisannahmen finden sich in der Struktur- und Prozeßkomponente der Moderation in folgenden Handlungen wieder:

1. Es gibt standardisierte Frage- und Antwortmöglichkeiten, die einfach zu verstehen und von allen Gruppenmitgliedern einzuhalten sind (siehe Tabelle 4.2).
2. Der gesamte Gruppenarbeitsprozeß wird auf sog. «Pinwänden» visualisiert und dokumentiert.
3. Die SOGE-Formel setzt voraus, daß das Arbeitsthema für mehrere Beteiligte von Interesse ist und einen gewissen Komplexitätsgrad hat, so daß über das Sammeln das ganze Themenspektrum aufgefächert wird. Dementsprechend sind Themen/Probleme/Fragen mit geringer Komplexität nicht gruppenarbeitsfähig. Auch sollte man nicht bereits getroffene Entscheidungen (EGOS) über Moderationstechnik (SOGE) nachträglich quasi-demokratisch von einer Gruppe erarbeiten und legitimieren lassen. Der Moderator kann dann nur noch aus Ich+/Du– handeln und die Beiträge auf die bereits feststehende Entscheidung hin kanalisieren.

Eine solchermaßen erlebte Moderation wirkt nachhaltig negativ auf die Teilnehmer und führt zu einer ablehnenden Haltung gegenüber der Methode.

Interaktionstechniken der moderierten Gruppenarbeit

Zur Gestaltung des Kommunikationsprozesses in der Gruppe stehen dem Moderator bestimmte Interaktionstechniken zur Verfügung (vgl. [61, 62, 63, 64]).

Generell ist es so, daß der Moderator eine schriftliche Frage an die Gruppe richtet, die dann entweder durch Zuruf, Punktekleben oder Kartenschreiben beantwortet wird. Insgesamt ergeben sich daraus die in Tabelle 4.2 genannten «Gruppengesprächstechniken».

Wir werden nachfolgend die 4 Frage-Antwort-Techniken näher betrachten und die verschiedenen Gestaltungsformen am Beispiel des Ziel-Workshops darstellen.

Frage-Antwort-Techniken	Einsatzmöglichkeiten	Ziele
Einpunkt-Frage (Teilnehmer antwortet durch Kleben eines Punktes)	zum Einstieg Zwischenbilanz ziehen Abschlußphase	Anwärmen der Gruppe Stimmungsbild der Gruppe erhalten Bewertungen von sachlichen und emotionalen Themen
Zuruf-Frage (Teilnehmer antwortet durch Zurufen)	Orientierung finden Beantwortung von Arbeitsfragen	Lösungen sammeln Ideen und Meinungen sammeln Probleme und Themen sammeln
Karten-Frage (Teilnehmer antwortet durch Kartenschreiben)	Beantwortung von Arbeitsfragen verschiedenster Art	Themenspeicher erstellen Ursachensammlung Lösungen sammeln Ideensammlung
Mehrpunkt-Frage (Teilnehmer antwortet durch Kleben mehrerer Punkte)	alle Situationen, in denen es um Auswahlfragen und Gewichtungen geht	Themen, Vorschläge, Lösungen, Ursachen gewichten Anwärmen der Gruppe

Tabelle 4.2   Frage-Antwort-Techniken in der Moderation

Die Einpunkt-Frage

Die Einpunkt-Frage ist die kürzeste Form einer «Meinungsumfrage» in der Gruppe. Jeder Teilnehmer erhält einen Klebepunkt, den er als «seine Antwort» auf ein vorgefertigtes Frageplakat klebt. Dieser Fragetyp ist besonders geeignet für die Einstiegs- oder Anwärmphase einer Moderation. Die Teilnehmer werden dadurch sofort aktiviert, mit der Methode vertraut gemacht und tauen schneller auf.

Die Einpunkt-Frage ist aber auch im Verlauf einer Moderation oder zu deren Abschluß sinnvoll einsetzbar. Dabei geht es inhaltlich sowohl um die Meinungsäußerung zu Sachfragen (z.B.: Wie beurteilen Sie die Einführung des Zielmanagements?) als auch Beziehungsfragen (z.B.: Wie offen können wir hier über Zielkonflikte miteinander reden?) oder generellen Stimmungen (z.B.: Die Stimmung in dieser Gruppe ist ...?)

Anhand solcher Abfragen wird dann auch sehr schnell deutlich, ob «alle an einem Strick ziehen» bzw. wie heterogen die Beziehungsebene ist.

Vorbereitung und Durchführung

Für eine gelungene Moderation spielt die Qualität der Vorbereitung eine große Rolle. Deshalb sind die Pinwand-Plakate durch den Moderator entsprechend klar und optisch ansprechend zu gestalten. Für die Vorbereitung gelten folgende Hinweise:

- In der linken oberen Ecke der Pinwand wird die Frage angebracht.
- Das Punktefeld der Skala sollte räumlich so gestaltet sein, daß eine Streuung auch optisch gut sichtbar ist.
- Die Frage ist eindeutig und offen formuliert.
- Die Frage ist an die Gruppe persönlich gerichtet.
- Da die Teilnehmer nach dem Punkten das Punktbild kommentieren sollen, ist unter/neben der Antwortskala genügend Freiraum für diese Kommentare zu lassen.

Für die Moderation der Einpunkt-Frage sind folgende Hinweise und Regeln zu beachten:

☐ Die visualisierte Frage *wortwörtlich* vorlesen und evtl. kurz inhaltlich erläutern.

☐ Das *Antwortschema* erläutern und Beispiele für die Beantwortung geben.

☐ An jeden Teilnehmer einen *Klebepunkt* austeilen. Moderationsfrage: «Haben Sie schon entschieden, wohin Sie den Punkt kleben wollen?»

☐ Zum *gemeinsamen Punkten* auffordern.
Es darf keiner vorpreschen!

☐ Die Gruppe zur *Interpretation* des Punktbildes auffordern. Moderationsfrage: «Was sagen Sie zu diesem Punktbild?»

☐ *Kommentare* auf dem Plakat wortwörtlich mitschreiben.
Moderator darf nicht selbst interpretieren.

Gestaltungsbeispiele der Einpunkt-Frage

Wir stellen Ihnen jetzt die drei Skalenformen vor, die bei einer Einpunkt-Frage zur Anwendung kommen:

a) gleitende Skala (Bild 4.3)
– Es werden nur die beiden Pole beschriftet.
– Die Skalen-Benennung muß eindeutig bipolar sein.
– Die Skalenlänge ist der Gruppengröße anzupassen.
– Moderationskommentar zur Skala:
«Je weiter Sie den Punkt nach außen setzen, um so mehr tendieren Sie zum jeweiligen Pol».
– Unter oder neben der Skala genügend Platz für Kommentare lassen.

Bild 4.3 Einpunkt-Frage mit gleitender Skala

b) gestufte Skala (Bild 4.4)
  – Die gestufte Skala umfaßt 5 Stufen.
  – Statt der Symbole ++ usw. kann man auch eine Stufenbezeichnung vornehmen.
  Es geht aber immer nur eins: entweder Symbole oder Stufenbezeichnung.
  Achten Sie bei der Bezeichnung darauf, daß Sie echte Abstufungen formulieren.
  – Das Punktefeld der Teilnehmer ist jeweils unterhalb der Skalenstufe und sollte groß genug sein.
  – Unter der Skala genügend Platz für Kommentare lassen.

c) Koordinatenfeld (Bild 4.5)
  – Das Koordinatenfeld ist moderatorisch die anspruchsvollste Skalenform.
  – Die beiden Koordinatenbezeichnungen müssen sachlich einen Sinn ergeben, so daß die Eckpunkte bewertbare Kombinationen darstellen.

140

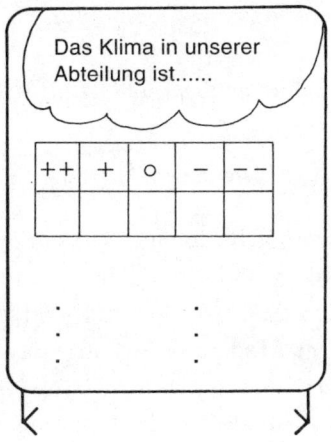

Bild 4.4 Einpunkt-Frage mit gestufter Skala

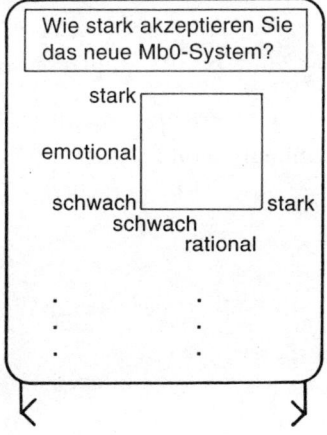

Bild 4.5 Einpunkt-Frage mit Koordinatenfeld

141

– In der Anmoderationsphase sind mind. die 4 Eckpunkte zu erklären.

– Unterhalb des Feldes genügend Platz für Kommentare lassen.

Die Zuruf-Frage

Immer wenn es darum geht, in einer Gruppe spontan Aussagen, Meinungen, Gedanken und Anregungen zu einer Thematik zu sammeln, eignet sich die Zuruf-Frage. Dabei ist der Ablauf hier denkbar einfach. Der Moderator hat auf einer Pinwand die Zuruf-Frage visualisiert und bittet nun die Gruppe, spontan Beiträge zuzurufen. Eine gewisse Verwandtschaft zum Brainstorming ist erkennbar, was sich auch in den später noch darzustellenden Moderationsregeln zeigt.

Wenn Sie mit der Zuruf-Frage arbeiten wollen, sind einige Punkte zu bedenken. Sie ist dort geeignet, wo

☐ eine Gruppe schnell stimuliert werden soll,

☐ keiner anonym bleiben muß,

☐ die Fragestellung einfach ist und kein vertieftes Nachdenken erfordert,

☐ kein nachträgliches Zusammenfassen der Beiträge erforderlich ist (wie z.B. bei der Kartenfrage),

☐ die Gruppengröße auf 8 bis 10 Teilnehmer beschränkt ist.

Die Zuruf-Frage ist *nicht geeignet*, wenn es um systematische Fehlersuche, Problemanalyse und Ursachenforschung geht.

Vorbereitung und Durchführung

Bei der Vorbereitung der Zuruf-Frage ist folgendes zu beachten:

☐ In der linken oberen Ecke der Pinwand steht die Zuruf-Frage.

☐ Damit Sie auf «Zeilen» schreiben können, ist das Pinwand-Plakat viermal zu falten. Auf den dann entstehenden «Falten» können Sie wie auf Zeilen schreiben.

Für die Moderation der Zuruf-Frage sind folgende Hinweise und Regeln zu beachten:

☐ Die visualisierte Frage wortwörtlich vorlesen und evtl. kurz erläutern.

☐ Die Gruppe auffordern, spontan Antworten zuzurufen.

☐ Jeder Zuruf wird sofort und wortwörtlich aufgeschrieben.

☐ Jeder Zuruf gilt.

☐ Diskussion, Kritik, Bewertung aus der Gruppe werden vorerst zurückgestellt.

☐ Der Moderator schreibt nur mit, bewertet aber weder verbal noch nonverbal in positiver oder negativer Richtung.

☐ Die Gruppe um Kommentierung der fertigen Zurufliste bitten.

(Hinweis: Aussagen, die Widerspruch hervorrufen, werden symbolisch durch einen Blitz gekennzeichnet. Gegenaussagen werden ebenfalls auf dem Plakat festgehalten.)

☐ Nach der Zurufphase können die Beiträge bei Bedarf mit der Gruppe gemeinsam geordnet und bewertet werden.

Gestaltungsbeispiel einer Zuruf-Frage

Mit der Zuruf-Frage können sowohl Sach- als auch Beziehungs-
themen bearbeitet werden (Bild 4.6).

Bild 4.6   Zuruf-Frage

Die Karten-Frage

Bei der nun zu erörternden Karten-Frage geht es um ein Kommu-
nikationsinstrument der Moderation, das sehr vielseitig anwend-
bar ist.

Die Ausgangslage ist immer so, daß der Moderator schriftlich
eine Frage an die Gruppe richtet, worauf dann die Gruppenmitglieder in Einzelarbeit auf eckige oder ovale Karten ihre Antworten schreiben. Anschließend werden diese Karten mit der Gruppe
gemeinsam zu inhaltlich passenden Themenblöcken zusammengefaßt. Man nennt diesen Vorgang auch clustern oder klumpen.

Es ist in der Praxis immer wieder zu beobachten, daß es in
Arbeitsgruppen von vier und mehr Teilnehmern kaum noch gelingt, ständig die Meinung aller Gruppenmitglieder zu einem

144

Thema/ Problem zu erfragen. Und bei vielen Problembearbeitungen trauen sich die Teilnehmer auch nicht, offen ihre Meinungen, Ansichten oder Wünsche zu nennen.

Durch die Möglichkeit des anonymen Kartenschreibens werden solche persönlichen Blockaden aufgehoben. Die Teilnehmer sehen auch in der anschließenden Clusterphase, daß sie mit ihren Kartenaussagen nicht alleine sind, denn meistens gibt es ähnlich lautende Aussagen zu mehreren Punkten. Allein diese Erfahrung wirkt schon öffnend und erleichternd auf die Gruppe. Die Karten-Frage ist deshalb besonders geeignet,

□ wenn es wichtig ist, daß alle Gruppenmitglieder sich äußern,
□ wenn man Zeit zum Formulieren einer Antwort braucht,
□ wenn das Gruppenmitglied anonym bleiben will/muß,
□ wenn schon der gemeinsame Prozeß des Klumpens zur Findung einer Gruppenansicht beitragen soll,
□ für analytische Fragen und Problemlösungen,
□ wenn man eine Stoffsammlung zur Vertiefung eines Themas braucht,
□ in Konferenzen und Mitarbeiterbesprechungen,
□ für Kritikabfragen und zur Analyse von Widerständen,
□ für die Gliederung eines inhaltlich nicht im voraus planbaren Themas.

Die Vorteile der Karten-Frage liegen auf der Hand, denn sie fördert die Aktivität aller; bringt eine Vielzahl von Ideen und Aussagen in kürzester Zeit; verhindert eine hierarchiebestimmte Diskussion, da alle erst schreiben und nicht reden, und erlaubt durch das gemeinsame Clustern eine schnelle Orientierung über den inhaltlichen Stand der Gruppe zum Thema.

Vorbereitung und Durchführung

Bei der Vorbereitung der Karten-Frage ist folgendes zu beachten:

☐ In der linken oberen Ecke der Pinwand steht die Karten-Frage.
☐ Eine weitere Pinwand wird mit einem Plakat bespannt und steht zum Clustern zur Verfügung.
☐ Die Teilnehmer erhalten jeweils einen schwarzen Filzstift und gleichfarbige (weiße oder gelbe) ovale oder eckige Karten.

Die Karten-Frage stellt – im Vergleich zur Einpunkt- und Zuruf-Frage – an den Moderator erheblich höhere Anforderungen. Das ergibt sich zum einen aus der zeitlichen Beanspruchung – eine Karten-Frage erstreckt sich über 20 bis 25 Minuten –, zum anderen erfordert der Prozeß des gemeinsamen Clusterns eine zielorientierte Gruppensteuerung.

Gerade bei Gruppen, die noch wenig vertraut sind mit der Moderationsmethode, schlägt gerne die altbekannte «Diskussionsmentalität» wieder durch; d.h., daß die Teilnehmer verbal erläutern, warum sie die Karte geschrieben haben und was sie damit ausdrücken wollten.

Hier ist dann der Moderator gefordert, indem er höflich darauf hinweist, daß der Autor der Karte nur sagen soll, zu welchem Themencluster seine Karte am besten paßt. Läßt der Moderator hier endlose «Kartendiskussionen» zu, kommt er mit dem o.g. Zeitrahmen (20 bis 25 Minuten) nicht aus, und die Gruppe «stirbt ihm so langsam unter den Händen weg».

Vielleicht haben Sie ja selbst schon einmal Moderationen der Karten-Frage miterlebt, wo 40 Minuten und mehr darauf verwandt wurden, die Themenlandschaft zu clustern, und kennen das sich in der Gruppe breitmachende Unbehagen bei solcher Prozeßsteuerung.

Damit es Ihnen als Moderator gelingt, die Karten-Frage gut zu moderieren, sind folgende Regeln unbedingt einzuhalten:

a) Infophase
1. Die visualisierte Frage wörtlich vorlesen und kurz erläutern.

2. Pro Karte immer nur 1 Thema in einem kurzen Satz formulieren – nicht nur ein oder zwei Stichworte.
3. Die Kartenanzahl pro Teilnehmer begrenzen. Es sollten bei einer Abfrage nicht mehr als 60 Karten geschrieben werden.
4. Nachfragen, ob die Teilnehmer alles verstanden haben. Auffordern, jetzt Karten zu schreiben.

b) Schreibphase
1. Moderator setzt sich und läßt die Gruppe in Ruhe überlegen und Karten schreiben. Keine Kommentare seitens des Moderators.
2. Während die Gruppe schreibt, werden noch keine Karten an die Pinwand gesteckt.
3. Wenn ca. $^2/3$ der Gruppenmitglieder nicht mehr schreiben, mit dem Einsammeln der Karten beginnen.
4. Alle erhaltenen Karten gut durchmischen.

c) Clusterphase
1. Karten nach inhaltlichen Gesichtspunkten clustern. Die Regel lautet: Differenzieren geht vor Homogenisieren!
2. Karten gemeinsam mit der Gruppe klumpen. Dabei gelten folgende Regeln:
   – Inhalt jeder Karte vorlesen.
   – Karte zur Gruppe hinhalten.
   – Keine Wertung durch den Moderator.
   – Karten nicht übereinanderhängen oder wegwerfen bzw. zerreißen.
3. Ist eine Karte nicht eindeutig einem Cluster zuzuordnen, wird sie «gedoppelt».
4. Wenn alle Karten an der Pinwand sind, Cluster mit der Gruppe gemeinsam auf inhaltliche Stimmigkeit überprüfen. Mit dem größten Cluster anfangen.
5. Cluster mit dickem Filzstift umranden und fortlaufend numerieren. Falls erforderlich: Oberbegriffe bilden!

Die häufigsten Fehler bei der Karten-Frage

Wegen der besonderen Bedeutung der Karten-Frage in der Moderationstechnik möchten wir die am häufigsten auftretenden Fehler kurz charakterisieren, damit Sie sich für Ihre Moderationsarbeit dagegen wappnen können.

1. Die Fragequalität stimmt nicht.

Das merken Sie an der Qualität der Antwortkarten. Entweder sind sie inhaltlich nicht in der erwarteten Antwortrichtung oder aber sehr allgemein gehalten. Stellen Sie immer offene Fragen, die möglichst präzise formuliert sind.

2. Die Kartenanzahl wurde nicht begrenzt.

Moderation ist ein induktives Verfahren. Wir gehen von der Einzelkarte aus und gelangen über die Clusterbildung zur Themenlandkarte, die die Ausgangsfrage charakterisiert. Dieses Verfahren verträgt daher nicht wesentlich mehr als 60 Antwortkarten. Es ist deshalb unbedingt zu empfehlen, in Gruppen ab 7 Personen die Kartenzahl vorzugeben. Bei 12 Teilnehmern darf also jeder 5 Karten schreiben. Zählen Sie aber bitte nicht die Karten pro Person beim Einsammeln nach. Das würde sehr störend wirken. Im Mittelwert stimmt meistens die Kartenzahl, und das reicht aus.

3. Auf den Karten stehen nur Stichworte.

Lange Zeit wurde der Fehler begangen, auf die Karten nur Stichworte zu schreiben. Das führt dann dazu, daß die Zuordnung zu einem Cluster schwierig wird, da Stichworte meist eher abstrakt sind und so zu mehreren Clustern passen können. Außerdem ist immer die Gefahr des Nachinterpretierens gegeben.

4. Es werden grundsätzlich immer Oberbegriffe gebildet.

Wenn die Clusterbildung «sauber» erfolgt, spricht der Inhalt der Cluster für sich, weshalb sich Oberbegriffe erübrigen. Lediglich für den Fall, daß man mit einem Themenspeicher weiterarbeiten will, empfiehlt sich die Bildung von Oberbegriffen. Diesen Arbeitsschritt vollzieht der Moderator dann gemeinsam mit der Gruppe.

5. Es wird zuviel über die Zuordnung von Karten diskutiert.

In manchen Gruppen gibt es eine ausgeprägte «Diskussionsneigung», wenn es in die Clusterphase geht. Hier muß der Moderator von Beginn an höflich, aber bestimmt gegensteuern.

Kann eine Karte überhaupt nicht zugeordnet werden, dann wird sie mit gleichem Text gedoppelt, und so hängt dann bei zwei Clustern der gleiche Inhalt.

Das sollte aber die Ausnahme sein. Als Moderator dürfen Sie nicht zu früh den Vorschlag zum Kartendoppeln machen.

Im übrigen gilt, daß der Autor der Karte letztlich bestimmt, welchem Cluster sie zugeordnet wird. Fragen Sie deshalb im Zweifelsfall: «Wo möchte der Autor die Karte zuordnen?» Fragen Sie aber bitte nie: «Wer hat denn die Karte geschrieben?»

6. Zu frühes Abbrechen der Schreibphase.

Gerade am Anfang der Moderationsarbeit wird oft der Fehler begangen, die Schreibphase zu früh abzubrechen. Der Moderator ist zu ungeduldig und signalisiert durch zu frühes Nachfragen («Sind Sie fertig?») das Ende der Schreibphase. Dementsprechend niedrig fällt natürlich auch die Kartenanzahl aus.

Laufen Sie auch bitte nicht während der Schreibphase in die Gruppe, um bereits geschriebene Karten einzusammeln und vorzusortieren.

7. Die Karten werden nicht gemischt.

Das Mischen der Karten hat zwei ganz pragmatische Gründe. Erstens soll der Aufmerksamkeitsgrad des Teilnehmers während des Clusterns erhalten bleiben. Das gelingt aber nicht, wenn seine Karten alle hintereinanderliegen und er dann nach der Zuordnung sozusagen mit «seinem Päckchen» durch ist.

Zweitens sind die Karten inhaltlich oft dicht beieinander, weil der Autor um ein Kernthema herum Karten geschrieben hat. Sind diese nun durch das Mischen gut verteilt, läßt sich eine Zuordnung einfacher vornehmen.

8. Die Cluster sind unsauber.

Die Clusterbildung erfolgt nach der Regel: Differenzieren geht vor Homogenisieren.

Wir wollen inhaltlich saubere Cluster, mit denen man anschließend weiterarbeiten kann. Es kann auch eine einzelne Karte ein Cluster darstellen.

In Gruppen besteht oft die Neigung, Einzelkarten in bereits vorhandenen Clustern unterzubringen. Das ist nur dann erlaubt, wenn der Inhalt paßt, aber nicht, um Einzelkarten wegzudrücken.

Gestaltungsbeispiel zur Karten-Frage

In Bild 4.7 finden Sie eine Themenlandkarte, wie sie nach der Moderation der Karten-Frage aussehen soll.

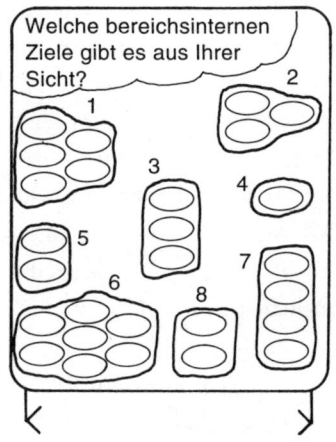

Bild 4.7   Themenlandkarte nach Karten-Frage

Die Mehrpunkt-Frage

Die Mehrpunkt-Frage ist der «siamesische Zwilling» der Karten-Frage. Sie kommt immer dann zur Anwendung, wenn es darum geht, eine Rangfolge zu ermitteln bzw. eine Wahlentscheidung zu treffen. Auf jeden Fall folgt sie immer auf eine Karten-Frage, egal, was Sie inhaltlich abgefragt haben, denn es ist nicht erlaubt, vom

Umfang eines Clusters (= Anzahl der Karten) auf dessen Bedeutung zu schließen.

Im Gegensatz zur Einpunkt-Frage erhält hier jedes Mitglied mehrere Punkte, die es auf verschiedene Cluster verteilen kann. Die Mehrpunkt-Frage ist in folgenden Situationen sinnvoll einsetzbar:

- immer im Anschluß an eine Karten-Frage zur Gewichtung der erhaltenen Themenlandkarte,
- zu Beginn einer Tagung, Konferenz, Klausur oder Besprechung, um die thematischen Interessenschwerpunkte der Gruppe schnell herauszufiltern (Bepunkten eines Themenspeichers),
- wenn es um die Auswahl von Arbeitsthemen, Lösungsvorschlägen und Ursachenfaktoren geht.

Besonders wichtig ist bei dieser Technik, daß Sie die richtige Bewertungsfrage an die Gruppe stellen.

Nehmen wir als Beispiel unsere Karten-Frage aus Bild 4.7: «Welche bereichsinternen Ziele gibt es aus Ihrer Sicht?»

Sie haben nun nach der Clusterphase die Themenlandkarte fertig, und jetzt soll die Mehrpunkt-Frage zu einer Gewichtung der vorhandenen Cluster führen. Sie könnten dann z.B. folgende Bewertungsfrage stellen:

- Welches Ziel wäre am schnellsten umsetzbar?
- Welche Ziele sind am wichtigsten?
- Worin steckt vermutlich der meiste Konfliktstoff?
- Welches Ziel interessiert Sie am meisten?
- Welches Ziel wäre am leichtesten durchsetzbar?
- Welches Ziel würde uns die spürbarsten Verbesserungen bringen?
- Mit welchem Ziel tun wir uns am schwersten?
- Bei welchem Ziel haben wir die wenigsten Erfahrungen?
- Welches Ziel verursacht vermutlich den meisten Ärger?

Die Liste der möglichen Bewertungsfragen ist denkbar groß. Wir haben Ihnen lediglich 9 Beispiele genannt. In der Moderationspraxis ist genau zu überlegen, welche Bewertungsfrage die geeignete ist, denn danach nehmen ja die Teilnehmer die Verteilung der Punkte vor. Deshalb ist es auch sehr wichtig, daß die Bewertungsfrage ein eindeutig erkennbares Bewertungskriterium enthält. Es wäre zum Beispiel falsch, wenn Sie fragen würden: «Welchen dieser Punkte würden Sie am höchsten gewichten?»

Bei dieser Frage ist kein Bewertungskriterium erkennbar. Die Bewertungsfrage muß schriftlich formuliert und angepinnt werden, so daß die Gruppe sich immer vergewissern kann, wonach die Punktevergabe erfolgt.

Vorbereitung und Durchführung

Bei der Vorbereitung der Mehrpunkt-Frage ist folgendes zu beachten:

☐ Am oberen Rand des Pinwand-Plakates wird die Bewertungsfrage in der Mitte angepinnt.
☐ Die Cluster sind zu numerieren.
☐ Zu jedem Cluster wird eine Punktescheibe angepinnt, auf der die Teilnehmer ihre Punkte aufkleben.
☐ Wird mit einem Themenspeicher gearbeitet, so ist ein entsprechendes Plakat vorzubereiten.

Für die Moderation der Mehrpunkt-Frage gelten folgende Regeln:

1. Die visualisierte Bewertungsfrage wortwörtlich vorlesen und evtl. kurz erläutern.
2. Zu vergebende Punkte pro Teilnehmer nach der Matrix in Bild 4.8 festlegen.
3 Es dürfen max. 2 Punkte für ein Cluster vergeben werden.
4. Die Teilnehmer auffordern, eine Punktetabelle anzufertigen; Moderator macht das an einem Beispiel vor.
5. Hinweis darauf, wo die Punkte hingeklebt werden sollen:
   – in der Themenlandkarte auf die Papierscheiben,
   – im Themenspeicher in die ausgewiesene Punktespalte.

Personen

	20	15	10	5
20	5	6	7	8
15	4	5	6	7
10	3	4	5	6

Cluster-
Anzahl

Bild 4.8   Matrix für Punktevergabe

6. Zum *gemeinsamen Kleben* der Punkte auffordern.
Darauf achten, daß alle Teilnehmer mit ihrer Punktetabelle
fertig sind.
Wichtig: Keiner darf vorpreschen!
7. Punkte auszählen und mit einem dicken schwarzen Filzstift in
das ausgewiesene Feld schreiben.
8. Die Gruppe um *Interpretation* des Punktbildes bitten. Moderationsfrage: «Was sagen Sie zu dieser Punkteverteilung?»

Nach Durchführung der Mehrpunkt-Frage steht nun das Ergebnis
in Form einer Punkte-Rangreihe fest. Im nächsten Schritt erfolgt
dann die weitere Bearbeitung in der Gruppe, wobei man mit den
am höchsten bepunkteten Clustern beginnt.

Die häufigsten Fehler bei der Mehrpunkt-Frage

Erfahrungsgemäß wird bei der Mehrpunkt-Frage gerne etwas
«geschludert». Das zeigt sich in folgenden Fehlern:

1. Es werden zu viele Punkte vergeben.
Die Punktevergabe erfolgt oft willkürlich, und die Teilnehmer
erhalten zu viele Punkte.
Es ist aber streng nach der Tabelle vorzugehen. Lassen Sie sich
auch nicht dadurch beeindrucken, daß manche Teilnehmer sich

153

beschweren, wenn sie bei 15 Clustern nur 5 Punkte erhalten. Verweisen Sie dann darauf, daß sich durch das gemeinsame Bewerten eindeutige Schwerpunkte herausbilden.

2. Unklare Bewertungsfrage

Wenn die Bewertungsfrage nicht eindeutig ist, wissen die Teilnehmer nicht, wonach sie die Punkte vergeben sollen. Wenn Sie in der Vorbereitung Ihrer Moderation nicht genau wissen, welche Bewertungsfrage Sie der Gruppe anbieten wollen, so können Sie das immer noch nach der Karten-Frage mit der Gruppe gemeinsam festlegen.

3. Es fehlt eine Punktetabelle

Sie werden es immer wieder erleben, daß einige Gruppenmitglieder sofort nach dem Austeilen der Punkte nach vorne preschen, um ihre Punkte auf die Scheiben zu kleben. Das ist aber ein ganz gravierender Fehler, den Sie als Moderator unbedingt verhindern müssen. Jeder Teilnehmer soll in Ruhe an seinem Platz eine Wahlentscheidung treffen. Und wenn alle ihre Tabelle fertig haben, gehen sie gemeinsam zum Punkten an die Pinwand. Das Vorpreschen einzelner wirkt aus mehreren Gründen störend:

◻ Es entsteht Unruhe, weil die Wand teilweise verdeckt wird.
◻ Es preschen meistens die Leute nach vorne, die meinungsbildend in der Gruppe sind.
◻ Es erfolgt u.U. eine hochgradige Beeinflussung.

Gestaltungsbeispiel zur Mehrpunkt-Frage

In Bild 4.9 ist die Mehrpunkt-Frage in einer Themenlandkarte dargestellt.

Sie haben jetzt die Arbeitstechniken der moderierten Gruppenarbeit am Beispiel des Ziel-Workshops kennengelernt. Natürlich bieten sich diese Techniken in all jenen Situationen an, in denen man in Gruppen in vertretbarer Zeit zu brauchbaren Arbeitsergebnissen kommen will. Je häufiger Sie mit den dargestellten

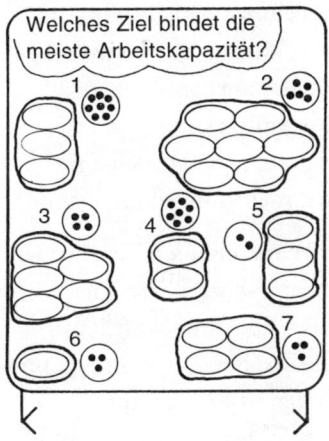

Bild 4.9   Themenlandschaft nach Mehrpunkt-Frage

Techniken arbeiten, desto selbstverständlicher gehen in relativ kurzer Zeit auch die Gruppenmitglieder damit um.

Wir wollen nun in den folgenden drei Abschnitten dieses Kapitels einen zweiten Schwerpunkt des zielorientierten Führens von Gruppen näher betrachten: die Besprechungen.

Besprechungen zielorientiert vorbereiten

Sie haben als Führungskraft vermutlich reichlich Erfahrungen in und mit Besprechungen, Sitzungen, Konferenzen, Meetings – oder wie man solche Veranstaltungen sonst noch nennen mag – gemacht [65]. *Wir verstehen unter einer Besprechung eine geleitete Diskussion von mindestens 3 Personen, die zu einem gemeinsamen Ergebnis führen soll!* Sie kennen solche Veranstaltungen als Monats-, Wochen-, Quartals-, Jahres-, Krisen-, Problemlösungs-Besprechungen usw.

Halten Sie doch einmal einen Moment inne und beurteilen Sie die Besprechungen der letzten zwei Monate anhand folgender Fragen:

155

- Waren die Besprechungen zielorientiert?
- Waren die Besprechungen alle notwendig?
- Waren die Besprechungen zu lang?
- Waren die Besprechungen gut organisiert und straff geleitet?
- Zu welcher Besprechung würden Sie – bei freier Wahl – am liebsten gar nicht mehr hingehen?

Sollten Sie bei Beantwortung dieser Fragen zu einer weniger guten Beurteilung gekommen sein, so befinden Sie sich in guter Gesellschaft. Wann immer Führungskräfte aufgefordert werden, ihre zeitraubendsten Tätigkeiten zu nennen, finden sich unter den ersten drei Nennungen «Besprechungen».

Einem Sprichwort zufolge ist eine Besprechung oft eine Veranstaltung, in die viele hineingehen und bei der wenig herauskommt. Und was hier sprichwörtlich etwas ironisch klingend auf den Punkt gebracht wird, zeigt sich in der Beurteilung von Besprechungen. Dazu einige Beispiele:

- In den 100 größten amerikanischen Industrieunternehmen führten von 2000 Konferenzen 90% zu keinem Ergebnis.
- In 200 befragten Gruppen waren 75% der Befragten der Meinung, daß 50% ihrer in Besprechungen verbrachten Zeit verschwendet sei.
- Ein Manager äußerte sich wie folgt:
  «Die größte Zeitverschwendung in unserem Unternehmen ist die Sitzung des Topmanagement montags morgens. Wir wissen nicht, worum es geht oder warum wir uns einfinden müssen. Wir wissen nur, daß es Montag ist und wir montags immer zusammenkommen. Was ich nicht ausstehen kann, ist eine Sitzung ohne Ziel [66]».

Besprechungen kommen also im Urteil der Teilnehmer insgesamt gesehen nicht gut weg. Dies erscheint um so verständlicher, wenn man bedenkt, daß je nach Führungsposition zwischen 40 und 80 Prozent der Arbeitszeit in Besprechungen und Diskussionen verbracht werden.

156

Führungskräfte ärgern sich zu Recht, wenn ihnen die so dringend benötigte Zeit durch ineffektive Besprechungen gestohlen wird.

Kosten-Nutzen-Analyse für Besprechungen

Führungskräfte meinen offensichtlich, daß viele Sitzungen überhaupt nicht stattfinden sollten und mindestens die Hälfte der in Besprechungen verbrachten Zeit vergeudet ist. Stellt man dann die Frage nach einer Kosten-Nutzen-Analyse, erlebt man eine Überraschung: Viele Klagen – wenig Verhaltensänderung!

Wahrscheinlich glauben viele, in ein unabänderliches Ritual eingebunden zu sein. Fangen Sie deshalb am besten bei sich selbst an, bei Besprechungen, für die Sie verantwortlich sind. Gehen Sie folgende Checkliste systematisch durch, bevor eine Besprechung einberufen wird.

Checkliste: Kosten-Nutzen-Analyse für Besprechungen
- Ist das Thema/Problem überhaupt für eine Besprechung geeignet?
- Wäre es sinnvoller, das Thema/Problem in einem Zweiergespräch zu behandeln?
- Kann eine notwendige Entscheidung auch von Ihnen oder einer anderen Person allein getroffen werden?
- Gesetzt den Fall, die Besprechung findet gar nicht statt: Was würde dann im schlimmsten Fall passieren? Ist dies verantwortbar?
- Kann das Thema auch auf einer anderen, bereits geplanten Besprechung behandelt werden?
- Müßten Sie unbedingt selbst dabei sein oder könnte ein Mitarbeiter Sie vertreten?
- Würde auch eine Telefonkonferenz ausreichend sein?
- Prüfen Sie auch die gewohnheitsmäßigen Besprechungen, denn Gewohnheiten sind zuerst Spinnweben, später Drähte. Haben sie schon Ritual-Charakter? Trifft man sich thematisch gezielt oder fast immer themenoffen?

□ Wissen Sie, wieviel eine Besprechungsrunde kostet? Falls nicht, machen Sie folgende Rechnung auf:

– Bruttojahresgehalt eines Teilnehmers	= 120 000 DM
– Lohnnebenkosten ca. 80%	= 96 000 DM
	= 216 000 DM
bei 200 Arbeitstagen pro Jahr	= 1 080 DM
Stundensatz bei täglich 8 Stunden Arbeitszeit	= 135 DM

Multiplizieren Sie den für Ihre Besprechungen ermittelten Stundensatz mit der Teilnehmeranzahl und der vermutlichen Besprechungsdauer. Eventuelle Zusatzkosten wie Fahrt-, Unterbringungs-, Telefon-, Medien- und Raumkosten wären noch gesondert zu erfassen. Entscheiden Sie anhand des Gesamtwertes dann, ob die Kosten-Nutzen-Relation stimmt.

Die Besprechungsteilnehmer sollten den Kostensatz kennen, damit eine Sensibilisierung in Richtung «Effektivität» überhaupt stattfinden kann.

Und wenn schon in kleineren Unternehmen (mit ca. 20 potentiellen Konferenzteilnehmern) nach profunden Schätzungen [67] jährlich 2 Millionen DM in Konferenzen investiert werden, ist sicherlich eine Kosten-Nutzen-Analyse und effiziente Besprechungskultur ein als sinnvoll anzusehendes Ziel.

Die richtige Vorbereitung der Besprechung

Vordenken ist meist billiger als Nachdenken, und deshalb ist die richtige Vorbereitung der Besprechung einer der wichtigsten Erfolgsfaktoren. Die Vorbereitung umfaßt drei Teilaspekte:

- die personelle Vorbereitung,
- die technische Vorbereitung,
- die thematische Vorbereitung.

Die personelle Vorbereitung

Zur richtigen personellen Vorbereitung sind folgende Einzelpunkte zu beachten:

- Begrenzen Sie die Teilnehmerzahl auf das absolute Minimum.
  - Wer kann zu dem Thema etwas beitragen?
  - Wer wäre «arbeitsunfähig», wenn er nicht dabei wäre?
  - Untergrenze 3 Teilnehmer, Obergrenze 12 Teilnehmer, Optimalgröße 6 bis 8 Teilnehmer.
- Was muß mit den Teilnehmern vorher im Einzelgespräch geklärt werden?
- Für wen würde eine Teilzeit-Teilnahme genügen?
- Wurde der Termin rechtzeitig allen Teilnehmern bekanntgegeben?
- Ist sichergestellt, daß die Beteiligten auch kommen?
- Weiß jeder Teilnehmer, was sein Beitrag ist bzw. bis wann er sein Thema spätestens melden muß?
- Haben Sie sichergestellt, daß die Teilnehmer ihre Beiträge knapp, verständlich und strukturiert vorbringen?

Falls nicht, geben Sie für die Zukunft eine Struktur vor, nach der die Beiträge auf einer DIN-A4-Seite schriftlich aufbereitet werden.

Es sind dafür immer 5 Fragen zu beantworten:
1. Was genau ist das Problem?
2. Wie sieht – präzise formuliert – das Ziel aus?

3. Mit welchen Lösungsschritten käme man zum Ziel?
4. Welche Lösungsschritte würden Sie als die zuständige Führungskraft bevorzugen?
5. Endgültige Entscheidung (bleibt offen für die Besprechung).

Die konsequente Einführung dieser Themenstrukturierung hat zu folgenden interessanten Erscheinungen geführt:

☐ Die Zahl der Themenmeldungen ging um bis zu 35% zurück.
☐ Die Bearbeitungsdauer wurde um bis zu 50% reduziert.

Allerdings kommt es darauf an, daß Sie als Besprechungsleiter wirklich konsequent sind. Beiträge, denen diese Struktur fehlt, werden nicht mehr zugelassen, auch dann nicht, wenn der zuständige Mitarbeiter versichert, daß es ganz schnell auch mündlich gehe. Denn: *Wer Rituale ändern will, muß bereit sein, ein Ritualopfer zu bringen!*

Die Symbolwirkung und das Modellverhalten solcher Handlungen werden leider viel zu oft unterschätzt. Wer aber einmal so «geheilt» wurde, der nimmt sich zusammen. Alleinige Appelle an die Mitarbeiter, es doch bitte so zu machen, führen in den seltensten Fällen zur gewünschten Verhaltensänderung. Was zählt, ist die normative Kraft des Faktischen, und das trifft auf Besprechungen in besonderem Maße zu.

Die technische Vorbereitung

Auf den ersten Blick erscheint die technische Vorbereitung als lästiges Anhängsel, sie hat aber wesentlichen Einfluß auf die Gesamtatmosphäre einer Besprechung. Achten Sie deshalb auf folgende Punkte:

☐ Ist der Besprechungsort allen bekannt? (Ggf. Anfahrtskizze zusenden.)
☐ Haben die Teilnehmer eine Einladung mit genauem Zeitplan und Inhalt zeitig genug erhalten?

- Welche Unterlagen brauchen die Teilnehmer? (Zu verteilende und mitzubringende.)
- Wie ist die Lage des Besprechungsraumes? (Sonnenseitig – zu Lärmquellen hin – genügend Tageslichteinfall – Nebengeräusche aus anliegenden Räumen usw.)
- Ist der Raum groß genug und bestehen Lüftungsmöglichkeiten?
- Sind Störungen im Raum ausgeschaltet? (Telefon, zentrale Sprechanlage.)
- Ist die Sitzordnung so, daß jeder jeden sehen kann? (Gut sind runde und quadratische Tische; schlecht sind lange und schmale Tische.)
- Ist eine Sitzordnung vorher festzulegen? Wenn ja: Sind die Namensschilder aufgestellt und beschriftet?
- Sind technische Hilfsmittel vorhanden und funktionsfähig? (Flipchart, Tageslichtprojektor, ggf. Pinwände und Moderationsmaterial.)
- Ist für eine gesundheitsbewußte Zwischenverpflegung gesorgt? (Joghurt, Obst, Mineralwasser statt Kaffee, Kaffee, Kaffee!)

Die thematische Vorbereitung

Die häufigsten Klagen über Besprechungen beziehen sich darauf, daß das Thema nicht klar genug war und kein erkennbares Ziel formuliert wurde. Gerade gewohnheitsmäßige Besprechungen geraten oft zu «Wundertüten-Sitzungen». Man ist immer wieder überrascht, was alles an Themen auf den Tisch kommt. Begünstigt wird der «Wundertüten-Effekt», wenn die Besprechung schon mit der Frage eröffnet wird: «Was liegt denn heute an, meine Damen und Herren?» Damit solche Fehler zukünftig vermieden werden, können Sie folgendes tun:

1. Formulieren Sie jedes Thema bzw. jeden Tagesordnungspunkt in Form einer Frage, z.B.: In welcher Weise können wir unsere Abteilungsbesprechungen effizienter machen? – statt bisher: Tagesordnungspunkt 3 = Besprechungseffizienz.

2. Werden Sie sich darüber klar, was Sie bei jedem Einzelthema als beobachtbares, meßbares Ziel anstreben, und formulieren Sie es dann in der Einladung.

Beispiele für denkbare Besprechungsziele wären:
- Ursachenanalyse für ein Problem,
- Lösungsmöglichkeiten finden,
- Lösungsmöglichkeiten auswählen,
- Entscheidungen vorbereiten,
- Entscheidungen treffen,
- gemeinsame Einstellungen zu einem Thema schaffen,
- Maßnahmen/Aktionsplan erarbeiten,
- Austausch von Informationen,
- Motivation für etwas schaffen,
- Koordination von Aufgaben, Tätigkeiten usw.,
- Planungen.

Konkret formuliert liest sich ein Besprechungsziel z.B. wie folgt:
- Entscheidung über die Einführung eines neuen Akkordsystems bis 17. KW treffen.
- Ermittlung der wichtigsten Schnittstellen von Vertrieb und Marketing im Bereich «Zubehörgeschäft».

Im Gegensatz zur herkömmlichen Formulierung von Themen, die ja ausschließlich inputorientiert ist, wird mit der Zielformulierung eine Output-Größe definiert und damit erst eine Kontrollbasis geschaffen. Im übrigen leitet sich von der Zielformulierung auch ab, was an sonstigen Vorarbeiten oder Vorinformationen benötigt wird.

3. Vermeiden Sie einen Tagesordnungspunkt «Verschiedenes». Gibt es klare Inhalte, dann formulieren Sie eine entsprechende Frage, sonst streichen Sie den Punkt ganz.

4. Geben Sie eine klare Themen-Ziel-Zeit-Einladung an alle Beteiligten.

Das könnte z.B. wie in Bild 4.10 aussehen.

Besprechung am: _____ in Raum: _____
Teilnehmer sind: _____

Besprechungsleitung
hat: _____
Start: _____ Ende: _____

	Thema	Ziel	geplante Zeit	berichten wird
1.	Was müssen wir tun, um die Umsatzeinbrüche bei Produkt X in den nächsten 3 Monaten um 20%zurückzufahren?	Erarbeitung eines verabschiedungsfähigen Maßnahmenkataloges	60 Min.	H. Wiet
2.	Ist zur nachhaltigen Qualitätssicherung ein Qualitätsmanagementsystem erforderlich oder reichen unsere jetzigen Bemühungen aus?	Entscheidung über den Startschuß eines Qualitätsmanagementprogramms treffen.	40 Min.	H. Stiche/ H. Pröngs
usw.				

Bild 4.10 Beispiel einer Themen-Ziel-Zeit-Einladung

Strukturelle Rahmenbedingungen für die erfolgreiche Durchführung

Die Effektivität einer Besprechung hängt – außer von den bereits genannten Vorbereitungsaspekten – natürlich in erheblichem Maß von den strukturellen Rahmenbedingungen ab. Und hier ist als erster und wichtigster Punkt das konsequente Zeitmanagement einer Besprechung zu nennen.

Es ist eine weitverbreitete Unsitte, zu einer Besprechung zu spät zu kommen. Manche Personen scheinen einen «persönlichen Überziehungskredit» zu beanspruchen, manchmal nach der Devise: Je höher die Position, um so höher der «persönliche Statuskredit».

163

Bei dieser Verhaltensweise werden aber immer die bestraft, die pünktlich sind, und meist warten 8 oder mehr Leute auf eine Person. Psychologisch gesehen verstärken Sie dadurch ein Verhalten positiv, das Sie gar nicht haben wollen. Auf diese Art und Weise bekommen Sie von dem, was Sie nicht wollen, immer mehr, denn auch die anfänglich disziplinierten Teilnehmer kommen mehr und mehr zu spät. So ist es nach einiger Zeit üblich, daß der Beginn zwar auf 9.00 Uhr festgelegt ist, tatsächlich aber 9.20 Uhr angefangen wird. Sollte Ihnen diese Praxis bekannt vorkommen, gibt es folgende Abhilfe: Sie fangen Punkt 9.00 Uhr an, egal wer fehlt.

Ähnlich verhält es sich mit dem pünktlichen Beenden einer Besprechung. Besprechungen können nicht pünktlich enden, wenn man unpünktlich beginnt *und* wenn Zeitüberschreitungen in den einzelnen Themenpunkten nicht geahndet werden. Geben Sie immer klare Zeitbegrenzungen für Themen vor. Sonst greift das zweite Parkinsonsche Gesetz, das besagt, daß der Zeitaufwand für eine Aufgabe oft im umgekehrten Verhältnis zur Bedeutung steht.

Wer aber unbegrenzt Zeit zur Verfügung stellt, darf sich nicht wundern, wenn diese auch in Anspruch genommen wird. Im übrigen gilt: Manche Tagessitzungen dauern nur deshalb einen Tag, weil es immer so war! Und das ist nur möglich, weil irgend jemand die «symbolische Erlaubnis» dazu erteilt.

Führen Sie deshalb eine straffe Zeitkontrolle der Einzelbeiträge ein. Unterbrechen Sie, wenn ein Teilnehmer sein Zeitbudget überzieht. Das ist zwar für ihn persönlich bedauerlich, aber er wird daraus lernen und zur nächsten Besprechung besser vorbereitet sein.

Lassen Sie auch keinen Beitrag zu, der nicht in der bereits erörterten 5-Punkte-Struktur abgefaßt ist. Beauftragen Sie den Protokollführer mit der Zeitkontrolle.

Ein vielfach genanntes Ärgernis in puncto Besprechung stellt die mangelhafte Ergebnissicherung, sprich Protokollierung dar. Und auch hier liegen primär strukturelle Fehler vor. Zur Verbesserung der Ergebnissicherung sollte man wie folgt vorgehen:

– Bestimmen Sie zu Beginn jeder Besprechung einen Protokollführer. (Dauerprotokollführer auf jeden Fall vermeiden.)
– Sorgen Sie dafür, daß immer das gleiche Protokollformular verwandt wird.
– Lassen Sie nur noch Beschluß- oder Ergebnisprotokolle zu und keine Protokolle über den Sitzungsverlauf oder über Wortmeldungen einzelner Teilnehmer.
– Arbeiten Sie mit der Tätigkeitsliste. (Ein Muster zeigt Bild 4.11.) Nutzen Sie diese Tätigkeitsliste auch gezielt als Kontrollinstrument zur Überprüfung der Umsetzung.
– Sorgen Sie für eine Protokollverteilung bis spätestens 2 Tage nach der Sitzung.

Treffen Sie auch eine Vereinbarung über die Dauer einer Wortmeldung. Bereits die Existenz einer solchen Regel führt zu mehr Selbstdisziplin.

Alle genannten Maßnahmen sind hilfreich, um die Besprechungsdauer im vorgegebenen Rahmen zu halten. Bitte denken Sie auch daran, daß jede Zeitüberschreitung einen «Kumulationseffekt» bewirkt, durch den die Tagesplanung rollierend verschoben wird.

Zu den strukturellen Rahmenbedingungen zählen ferner die Besprechungsdauer insgesamt, die Pausenregelung und die Sicherung der richtigen Themenrangfolge.

Hinsichtlich Besprechungsdauer und Pausen lassen sich folgende Empfehlungen geben:

□ Mammut-Besprechungen (ganzer oder halber Tag) sind tunlichst zu vermeiden. Wo sie existieren, liegt der Verdacht einer

Tätigkeitsliste

Besprechung vom: _____

Bereich/Abteilung: _____

Teilnehmer: _____

Nr.	Tätigkeit	wer	mit wem	bis wann	Art des Ergebnisses

Bild 4.11 Tätigkeitsliste

ritualisierten, gewohnheitsmäßigen, nicht mehr hinterfragten Übung vor.

☐ Versuchen Sie, mit max. 100 Minuten auszukommen. (Es gibt Unternehmen, in denen Besprechungen grundsätzlich nicht länger als 30 Minuten dauern dürfen.)

☐ Machen Sie bei längeren Besprechungen nach spätestens 60 Minuten eine Pause.

Die Frage der Themenreihenfolge stellt sich bei jeder Besprechungsplanung. Am besten orientieren Sie sich an der 20-80-Regel, die besagt, daß 20% der Ereignisse (Themen) 80% unserer Aufwendungen (z.B. Zeit) bedingen.

Übertragen auf eine Besprechung heißt das:

☐ Legen Sie die wichtigen Themen an den Anfang.

☐ Räumen Sie den Hauptthemen nach der 20-80-Regel die richtige Zeit ein.

☐ Behandeln Sie auflockernde Themen am Ende, wenn die Konzentration schwächer wird.

Die 12 wichtigsten Besprechungsblocker

Die Besprechungsqualität läßt sich in fast allen Unternehmen drastisch erhöhen. Dazu bedarf es allerdings keiner Absichtserklärung, sondern einer persönlichen Zielsetzung. Als ausgesprochen hilfreich hat sich der Einsatz des dargestellten Tests erwiesen (Bild 4.12). Wenn Sie also ernsthaft zu einer strukturellen Verbesserung Ihrer Besprechungen kommen wollen, dann sollten Sie folgendes tun:

☐ Sie lassen den Test von allen Besprechungsteilnehmern ausfüllen (anonym).

☐ Sie addieren die Einzelergebnisse pro Blocker.

☐ Sie entwickeln konkrete Maßnahmen zum Abbau der 5 höchstbepunkteten Blocker.

☐ Sie kontrollieren nach 3 Monaten die Verbesserungen anhand eines erneuten Testdurchlaufes.

	Stimmt (4 Punkte)	Stimmt ab und zu (2 Punkte)	Stimmt nicht (0 Punkte)
1. Es ist oft nicht klar, zu welchen Themen wir zusammenkommen.			
2. Wir halten nicht fest, welche Ziele wir bis zum Ende einer Besprechung erreicht haben wollen.			
3. Wir bereiten uns nicht genügend strukturiert auf unsere Besprechung vor.			
4. Wir kontrollieren während der Besprechung zu selten, ob wir uns zielorientiert verhalten.			
5. Unsere Besprechungstermine liegen nicht besonders günstig.			
6. Wir stimmen nicht ab, welche Tagesordnungspunkte in welcher Reihenfolge bearbeitet werden sollen.			
7. Unwichtige und wichtige Themen nehmen oft gleich viel Zeit in Anspruch.			
8. Wir schweifen oft in Nebensächlichkeiten oder ungeplante Themen ab.			
9. Der Teilnehmerkreis ist zu groß oder falsch zusammengesetzt.			
10. Unser «Zeitmanagement» ist nicht zufriedenstellend. (Unpünktlichkeit, Überziehung, keine Zeitvorgabe für Beiträge usw.)			
11. Die Protokollqualität läßt zu wünschen übrig (zuviel Text, schlechte Struktur usw.).			
12. Wir kontrollieren nicht konsequent genug, was wir in unseren Besprechungen beschlossen haben.			

Bild 4.12   Test: Die 12 wichtigsten Besprechungsblocker

Gruppenpsychologische Effekte in Besprechungen

Besprechungen sind Gruppenveranstaltungen. Nun ist eine Gruppe weit mehr als nur eine Ansammlung von einzelnen Menschen, die sich im gleichen Raum befinden. Ein Mensch gerät in der Gruppe sofort in ein wechselseitiges Spannungsfeld: Er beeinflußt die Gruppe und wird ebenso von der Gruppe in seinem Verhalten beeinflußt [68, 69, 70].

Deshalb verhalten sich Menschen in einer Gruppe anders als eine Einzelperson. Und man muß einen Menschen in einer Gruppe anders behandeln als eine Einzelperson.

In einer Gruppe befindet sich der einzelne in einem ständigen Spannungsfeld, das sich in 5 wesentlichen Aspekten zeigt:

1. Druck zur Anpassung und Suche nach Geborgenheit
Einerseits muß man sich der Gruppe anpassen, ihren Spielregeln im wesentlichen Folge leisten und dafür eigene Regeln aufgeben; andererseits wird die Gruppe aber auch als Ort sozialer Geborgenheit erlebt, die Rückhalt und Bestätigung gibt.

2. Selbstbild- und Fremdbildvergleich
Jeder einzelne versucht, sein Selbstbild, d.h. die Vorstellung von seiner Persönlichkeit, in einer Gruppe zu bewahren und durchzusetzen. («Ich bin der und der ... Ich bin so und so ...») Dieses Selbstbild wird durch andere Gruppenmitglieder mehr oder minder stark in Frage gestellt. Die Gruppe vermittelt eine andere Qualität der eigenen Person (Spiegelfunktion). «Du bist so und so ... Wir erleben Dich als ...» (Fremdbild). Wenn Selbst- und Fremdbild weit auseinanderliegen, entstehen oft enorme Spannungen.

3. Rollenübernahme und Rollenzuweisung
Dem Wunsch, in einer Gruppe eine bestimmte Rolle oder Aufgabe zu übernehmen, steht der Druck der Gruppe gegenüber, die jedem Gruppenmitglied aufgrund bestehender Urteile oder auch Vorurteile eine bestimmte Rolle im Verlauf der Gruppenentwicklung und des gegenseitigen Kennenlernens zuweist. Solche Rollen kön-

nen sein: Fachmann, Nörgler, Schlichter, Steuermann, Konfliktlöser usw. Hier kann es zu erheblichen Störungen kommen, wenn zwischen Rollenzuweisung und eigenem Rollenwunsch wesentliche Unterschiede bestehen.

4. Abhängigkeit und Gegenabhängigkeit

In der Kommunikation zwischen den Gruppenmitgliedern – und besonders zwischen Gruppenmitgliedern und offiziellen und inoffiziellen Führungspersonen – spielen sogenannte «Übertragungsprozesse» eine große Rolle. Darunter versteht man die Tatsache, daß auf wichtige Personen in der Gruppe (sog. Bezugspersonen, wie z.B. der Gruppenführer), die Einfluß, Macht, Autorität usw. besitzen, frühkindliche Verhaltensweisen der Konfliktaustragung z.B. gegenüber Vater, Mutter, Bruder, Lehrer usw. übertragen werden.

Wir sprechen von «Abhängigkeit», wenn ein Mensch sich in seinem Verhalten überwiegend an Autoritätspersonen orientiert. «Gegenabhängigkeit» besteht, wenn – entsprechend früher erlebten Konflikten, z.B. in der Familie – ein Mensch überwiegend mit Ablehnung, Auflehnung, Widerspruch, Widerstand usw. auf Autoritätspersonen reagiert.

5. Eigene Ziele und Gruppenziele

Jedes Gruppenmitglied ist bestrebt, seine eigenen Ziele durchzusetzen. Andererseits wird sich aber gerade der Gruppe angeschlossen (bei freiwilliger Teilnahme), weil man sich eine Unterstützung durch die Gruppe erhofft (bei weitgehender Übereinstimmung von individuellen und Gruppenzielen).

Bei Zwangsmitgliedschaft besteht die Tendenz, sich zurückzuziehen («Fluchtverhalten»). Hier wird das Unbeteiligtsein meist durch passives Verhalten (Schweigen) demonstriert. Cliquenbildung findet statt, um eigene Ziele in einer Gruppe besser durchsetzen zu können.

Alle diese Verhaltensweisen wird man immer wieder in Gruppen finden, und der Besprechungsleiter braucht gerade deswegen neben der fachlichen Qualität das richtige «psychologische Händchen». Er muß solche Prozesse kennen und erkennen, um angemessen reagieren zu können.

Verhaltensweisen in einer Arbeitsgruppe

In einer Arbeitsgruppe geht es ja offiziell immer um eine «Sache». In Besprechungen sind Probleme zu analysieren, Entscheidungen zu treffen, Lösungen zu suchen usw. Daneben spielt aber die Tatsache, daß das Spannungsfeld «Einzelner—Gruppe» besteht, die eigentlich ausschlaggebende Rolle für die Qualität des Besprechungsverlaufs. Wenn das «Klima» nicht stimmt, sind die Ergebnisse meist auch nicht tragfähig. Der Leiter einer Besprechung steht im Kräftedreieck gemäß Bild 4.13.

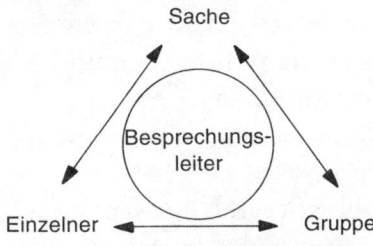

Bild 4.13 Kräftedreieck einer Gruppe

In jeder Besprechung findet man deshalb Verhaltensweisen, die stärker ich-orientiert, gruppenorientiert oder aufgabenorientiert sind. Sie zeigen sich u.a. in den nachfolgend aufgeführten Verhaltensweisen:

1. Aufgabenorientierte Verhaltensformen
– sachlich Fragen stellen,
– Beiträge und Standpunkte zusammenfassen,
– die eigene Meinung vertreten,
– anderen Informationen mitteilen,
– Arbeitsprozesse organisieren und in Gang bringen,
– anschauliche Beispiele liefern,
– Probleme methodisch klären,
– methodisch arbeiten;

171

2. Ich-orientierte Verhaltensformen
- sich über Argumente anderer hinwegsetzen,
- eingeschnappt reagieren,
- anderen Mitgliedern ins Wort fallen,
- schlecht zuhören,
- eigene Bedürfnisse konstruktiv durchsetzen,
- Bedenken anmelden,
- Ja-Sager-Verhalten,
- gegenabhängiges Verhalten (Widerstand gegen X aus Prinzip),
- die Diskussion beherrschen wollen,
- passives Dasitzen und Schweigen,
- ständig Nebengespräche führen;
3. Gruppenorientierte Verhaltensformen
- Spannungen abbauen,
- Kompromisse erarbeiten,
- auf andere eingehen,
- bei Meinungsverschiedenheiten vermitteln,
- Cliquen-Verhalten an den Tag legen,
- stille Gruppenmitglieder in die Diskussion einbeziehen,
- zur Zusammenarbeit auffordern,
- gute Diskussionsbeiträge aufgreifen und positiv bewerten,
- anderen aktiv zuhören,
- auf die Einhaltung vereinbarter Regeln achten,
- sich für ein gutes Arbeitsverhältnis verantwortlich fühlen.

Angesichts dieser vielfältigen Verhaltensformen wird deutlich, welche enormen Anforderungen an den Besprechungsleiter gestellt werden. Er muß die Gruppe so steuern, daß die 3 Einflußfaktoren im Kräftedreieck in der Balance sind.

Er muß aber auch von vornehrein darauf eingestellt sein, daß erwachsene Menschen in Arbeitsgruppen auch anderes im Sinn haben, als sich sachlich zu verhalten.

Störungen in Gruppen sind normal, weil die Gruppe das einzelne Mitglied mehr oder weniger stark animiert, nur bestimmte

Verhaltensweisen zuläßt, starke Fremdbild-Rückkopplungen an einzelne Personen erfolgen oder auch zwischen verschiedenen Personen gegenabhängiges Verhalten auftritt. (Wenn X etwas sagt, ist B grundsätzlich erst einmal dagegen.)

Wir schauen uns nachfolgend kurz an, welche klassischen Rollen in fast jeder Gruppe von den verschiedenen Teilnehmern besetzt werden und welche Auswirkungen dies im konkreten Verhalten hat.

Rollen, die man in Gruppen einnehmen kann

In jeder Arbeitsgruppe kann man immer wiederkehrende Rollen beobachten, die von einzelnen Gruppenmitgliedern bewußt oder unbewußt eingenommen und dann verhaltensmäßig ausgefüllt werden.

Die klassischen Gruppenrollen sind wie folgt charakterisiert:

- Der formelle Gruppenführer
  Er bestimmt die Gruppenziele und koordiniert die Gruppe bei Entscheidungen. Es ist oft zu beobachten, daß ein Gruppenführer stärker sachorientiert oder beziehungsorientiert ist. In der Gruppe finden wir deshalb meist eine Person, die die nicht vorhandenen Fähigkeiten des Führers ausgleicht. Das wäre dann entweder der Beziehungs- oder Aufgabenspezialist. Wenn der formelle Gruppenführer sich «sozial intelligent» verhält, dann nutzt er die Fähigkeiten dieser informellen Führungsspezialisten.

- Der Beziehungsspezialist
  Er hat die Funktion, die Gruppe zusammenzuhalten, und verkörpert die menschliche Seite der Gruppenbedürfnisse, d.h. den Wunsch nach Anerkennung und Geborgenheit. Er integriert, glättet, spendet Lob, sorgt für ein gutes Klima in der Gruppe.

- Der Aufgabenspezialist
  Er verkörpert die sachlichen Bedürfnisse der Gruppe und ist im wesentlichen nicht gruppen-, sondern aufgabenorientiert. Er

treibt die Gruppe an, orientiert sie an Zielen, arbeitet methodenorientiert usw.

☐ Der Mitläufer

Er ist oft geschicktes Zwangsmitglied oder hat selbst keine ausgeprägten eigenen Ziele. Er orientiert sich meist am Gruppenführer und ist angepaßt fügsam in seinem Verhalten. Gegenabhängiges Verhalten kann gelegentlich auftreten.

☐ Der Opponent

Der Opponent ist oftmals eine Person mit Führungsqualitäten. Da er nicht offizieller Führer geworden ist, nimmt er eine kritische Haltung ein und stellt bohrende Fragen, um Führungspersonen auf ihre Qualität hin zu testen. Innerlich fragt er sich oft: «Was würde ich jetzt tun, wenn ich Führer wäre?» Es ist möglich, daß er in kritischen Situationen auch die Partei des Gruppenführers ergreift, obwohl er ihn selbst vorher «hart getestet» hat. Die starke Identifikation mit der Führungsrolle wirkt dann so, als ob er selbst angegriffen würde.

☐ Der Sündenbock

Führungsansprüche und Machtkämpfe von Gruppenmitgliedern lösen oft Aggressionen aus. Da starke Gruppenmitglieder aber relativ unangreifbar erscheinen, richten sich die Aggressionen der Gruppe oft gegen schwächere Gruppenmitglieder, die dann als «Sündenbock» für solche umgeleiteten Aggressionen dienen.

☐ Der Außenseiter

«Außenseiter» heißt nicht, daß dieses Gruppenmitglied abgelehnt wird. Er gehört zur Gruppe, hat aber keine feste Position, d.h. keine eindeutige Stellung zu den übrigen Rollen. Er übernimmt daher oft Beratungs- und Vermittlungsfunktion und trägt so zur Stabilisierung der Gruppe bei.

Sicherlich wird Ihnen bei der Beschreibung der einzelnen Gruppenrollen die eine oder andere Rolle bekannt vorgekommen sein. Wir beschäftigen uns deshalb auch im nächsten Punkt eingehend mit der Frage, wie die Prozeßsteuerung einer Besprechung zu erfolgen hat, damit Störungen konstruktiv behoben werden können.

Besprechungen zielorientiert leiten

Sie alle haben sicherlich schon an Besprechungen teilgenommen, die hinsichtlich Verlauf und Ergebnis wenig befriedigend waren. Ursache dafür sind sehr oft Störungen im Gruppenprozeß. Untersuchungen über Prozeßstörungen in Besprechungen ergaben hauptsächlich folgende Störquellen:

☐ 25% bis 40% der Besprechungszeit werden durch Abschweifungen vom Thema, Verrennen in Detailerörterungen, verdeckte Machtkämpfe oder inaktive Grundeinstellung mit entsprechend gepaartem Nicht-Zuhören vergeudet.

☐ Die Besprechungsdauer ist insgesamt viel zu lang. Eine Auswertung von 80 Besprechungen in einem Unternehmen ergab eine Durchschnittsdauer von etwas über 3 Stunden.

☐ Das Aktivitätsgefälle innerhalb der Gruppe stimmt nicht. Zwei Drittel der Redezeit wird von 10% «Vielrednern» beansprucht.

☐ Die Gruppenzusammensetzung stimmt nicht. Es sind zu viele Teilnehmer und/oder die falschen Personen, was sich auf die Kommunikationsqualität entsprechend auswirkt.

Die genannten Punkte sind dabei nicht isoliert zu sehen, vielmehr verstärken sie sich bei ungünstiger Konstellation gegenseitig.

Allem Anschein nach haben wir es bei Besprechungen des öfteren mit «der Widerspenstigen Zähmung» zu tun, wenngleich auch der folgende Vergleich ab und an zutreffend sein wird: «Viel Wind um nichts».

Nun zeigen sich Prozeßstörungen in vielfältiger Form, so daß es zunächst einmal wichtig ist, zu erkennen, was denn im einzelnen als «Störung» zu bezeichnen ist. Sie werden dabei schnell erkennen, daß es sich eigentlich um alltägliche Verhaltensmuster handelt.

Verhaltensweisen, die in Besprechungen störend wirken

Es ist wichtig, Störungen und Konflikte in Besprechungen als «normalen Bestandteil» des Gruppenprozesses zu sehen. Dabei gilt es zu unterscheiden zwischen Störungen, die durch das Verhalten des Besprechungsleiters initiiert werden, und solchen, die durch Gruppenmitglieder ausgelöst werden.

Störungen, die durch den Gruppenleiter ausgelöst werden, sind:
- Er reibt sich in «fachlichen Zweikämpfen» mit Teilnehmern auf und verliert so die Steuerungskontrolle.
- Er redet selbst am meisten, weil er glaubt, daß Führen mit Vielrednerei gleichzusetzen ist.
- Er läßt die Diskussion laufen, und andere Teilnehmer machen sich «rhetorisch breit».
- Er hat keinen Protokollführer ernannt.
- Er drückt Meinungen, die unbequem sind, einfach weg.
- Er kümmert sich nicht um die «Diskussionskultur».
- Er achtet nicht auf die Reihenfolge der Wortmeldungen.
- Er läßt sich vom Thema abbringen.
- Er läßt Zeitüberschreitungen bei einzelnen Teilnehmern zu.
- Es läuft alles nur mündlich, und die Visualisierung fehlt.
- Er trägt alles selbst aus, statt die Gruppe einzubeziehen.

Störungen, die von Teilnehmern ausgehen, sind:
- Viele Nebengespräche, die Langeweile, Ärger usw. ausdrücken können.
- Es reden und schweigen immer dieselben Leute.
- Es wird mit Killerphrasen gearbeitet (Das geht nicht! Das war schon immer so!).
- Endlosredner erzeugen Unwillen.

- Teilnehmer arbeiten mitgebrachte Unterlagen auf.
- Mit Suggestiv- und Fangfragen, Unterstellungen und Behauptungen werden Gewinner-Verlierer-Kämpfe bestritten.
- Auf der Stelle treten durch ständige Wiederholungen.
- Persönliche Angriffe und Wertungen.
- Sich gegenseitig ins Wort fallen.
- Schlechte persönliche Vorbereitung einzelner.
- Reden um des Redens willen, ohne Ergebnisorientierung (Profilierungsgehabe).

Sie sehen, die Liste möglicher Störgrößen ist vielfältig. Deshalb wollen wir im nächsten Punkt einige Hinweise zum richtigen Umgang mit diesen Störungen geben.

Effektive Prozeßsteuerung in Besprechungen

Damit eine Besprechung erfolgreich verläuft, sollte der Besprechungsleiter folgende Verhaltensweisen zeigen:

1. Bei Angriffen grundsätzlich nachfragen.
2. Vermeiden Sie fachliche Zweikämpfe, indem Sie die Gruppe einbeziehen (Frage: Wie sehen Sie das?).
3. Achten Sie auf eine straffe Diskussionssteuerung, indem Sie Themenabweichungen, Zeitüberschreitungen und Störungen unterbinden.
4. Decken Sie «rhetorische Unsauberkeiten», wie Killerphrasen, Suggestivfragen, Unterstellungen, Fangfragen usw. auf.
5. Halten Sie sich selbst fachlich zurück.
6. Fordern Sie Schweiger durch direkte Ansprache zur Meinungsäußerung auf.
7. Bremsen Sie Vielredner höflich, aber konsequent.
8. Sorgen Sie für Zusammenfassungen, damit der Überblick gewahrt bleibt.
9. Üben Sie sachlich Kritik, wenn Teilnehmer sich undiszipliniert verhalten.

10. Vertagen Sie ein Thema, wenn die Vorbereitung offensichtlich mangelhaft ist.
11. Vermeiden Sie Gewinner-Verlierer-Situationen durch Einschaltung von visualisierten Tendenzabfragen.
12. Lassen Sie sich durch Einzelargumente nicht ablenken, sondern achten Sie auf die Prozeßsteuerung.
13. Reagieren Sie auf Nebengespräche und Aktenaufarbeitung einzelner mit entsprechendem Nachfragen.
14. Bitten Sie «Breitbandredner» um thesenartige Zusammenfassung ihres Redebeitrags.
15. Klären Sie immer ab, ob das Ziel oder Problem von allen verstanden wurde, bevor es zu Endlosdiskussionen kommt.
16. Hören Sie erst einmal aktiv zu, statt gleich zu argumentieren.
17. Setzen Sie angemessen Visualisierung an Flipchart oder Pinwand ein, statt nur zu reden.
18. Reagieren Sie auf Ermüdungssignale mit Kurzpausen, statt das Thema durchzuziehen.
19. Bestimmen Sie immer einen Protokollführer, damit Sie sich auf die Steuerung konzentrieren können.
20. Achten Sie auf eine konstruktive Diskussionskultur, denn es gilt: Zuerst ist das Klima schlecht und dann die Ergebnisse!

Und damit Sie sich eine solide Rückkopplung über die Prozeßqualität Ihrer Besprechungen holen können, empfehlen wir den Einsatz des in Bild 4.14 dargestellten Bewertungsbogens.

Die Geschäftsleitung eines Unternehmens (10 Personen) hat anhand des Bewertungsbogens 6 Besprechungen bewerten lassen. Die Auswertung zu den Fragen 1, 4 und 8 ergab die in den Bildern 4.15 bis 4.17 dargestellten Säulendiagramme.

Wie das Ergebnis zeigt, war die Fragestellung klar, u.a. durch Einführung der bereits bekannten Themen-Ziel-Zeit-Einladung, aber es mangelt noch an konsequenter Prozeßsteuerung.

Wichtig ist aber, daß hier, statt ewig zu klagen, überhaupt Datenerhebungen durchgeführt wurden. Nur wenn man qualifi-

Bewertungsbogen: Ablauf der Besprechung
(Hinweis: Zu jeder Frage ist ein Wert von − 3 bis + 3 anzukreuzen. Die Null ist nur dann zu wählen, wenn Sie die Frage nicht beantworten können.)

1. Mir war die Fragestellung/- das Problem	nicht klar	− 3 − 2 − 1 0 + 1 + 2 + 3	ganz klar
2. Kritik war meistens	ab- wertend	− 3 − 2 − 1 0 + 1 + 2 + 3	kon- struktiv
3. Die Gruppenmit- glieder zeigten sich mehr als	Einzel- kämpfer	− 3 − 2 − 1 0 + 1 + 2 + 3	gruppen- orientiert
4. Die Gruppe hat sich thematisch	verzettelt	− 3 − 2 − 1 0 + 1 + 2 + 3	zielstre- big verhalten
5. Die Gruppenmit- glieder konnten in ihrenBeiträgen	nicht ausreden	− 3 − 2 − 1 0 + 1 + 2 + 3	ausreden
6. Abweichende Ansichten wurden meistens	weg- gedrückt	− 3 − 2 − 1 0 + 1 + 2 + 3	gehört
7. Im Verhältnis zur aufgewandten Zeit ist das Ergebnis	unbe- friedigend	− 3 − 2 − 1 0 + 1 + 2 + 3	in Ordnung
8. Die Redeanteile in der Gruppe waren	zu unter- schiedlich	− 3 − 2 − 1 0 + 1 + 2 + 3	ziemlich gleich- verteilt
9. Der Gruppen- leiter hat die Gruppe	dominiert	− 3 − 2 − 1 0 + 1 + 2 + 3	koopera- tiv geführt
10. Das Guppen- klima war insge- samt	stark ange- spannt	− 3 − 2 − 1 0 + 1 + 2 + 3	ent- spannt und frei

Bild 4.14   Bewertungsbogen für Besprechungen

179

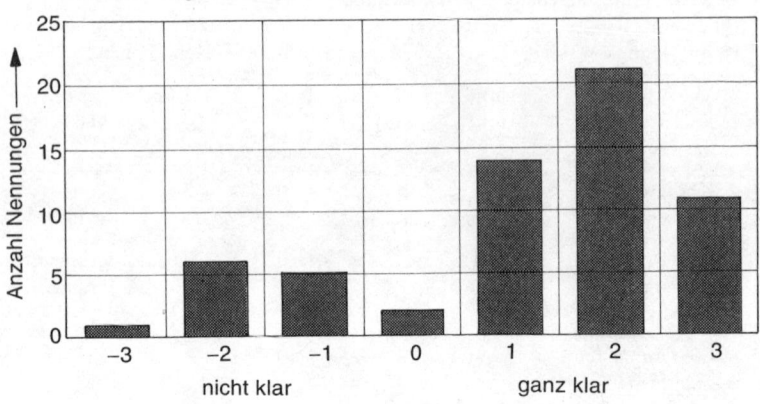

Bild 4.15
Feedback von 6 Besprechungen: War die Fragestellung/das Problem nicht klar/ganz klar?

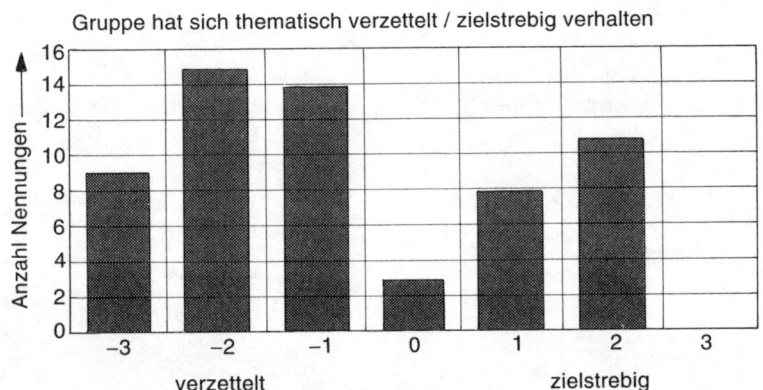

Bild 4.16
Feedback von 6 Besprechungen: Gruppe hat sich thematisch verzettelt/zielstrebig verhalten

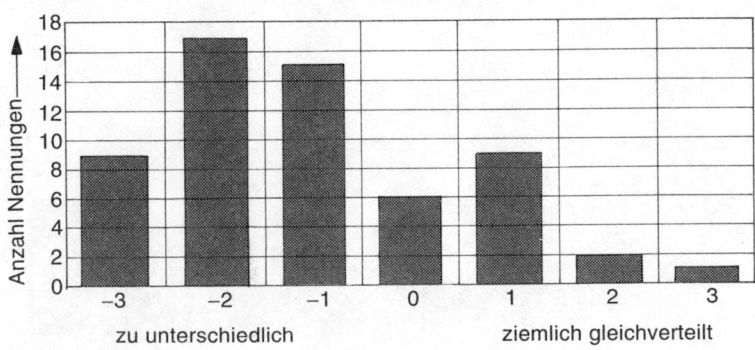

Bild 4.17
Feedback von 6 Besprechungen: Redeanteile in der Gruppe waren zu unterschiedlich/ziemlich gleichverteilt

ziertes Feedback in Gruppen schafft, besteht die Chance einer zielgerichteten Verbesserung.

Zusammen mit dem Test über die 12 wichtigsten Besprechungsblocker haben Sie jetzt 2 Meßinstrumente zur Verfügung, die Ihnen wertvolle Hinweise zur schrittweisen Verbesserung der Struktur- und Prozeßqualität Ihrer Besprechungen liefern können.

Kapitel 5

ZIEL-CONTROLLING

Controlling als Bestandteil des Zielmanagements

Taten sind Früchte, Worte nur Blätter! In diesem Sprichwort spiegelt sich das Spannungsfeld von Zielsetzung als rationalem Akt und Zielrealisierung als konkretem Vollzug wider.

Und in der Praxis finden wir ja auch die verschiedensten Anlässe, die die Zielerreichung gefährden können [71]:

1. Das tatsächliche Verhalten der Mitarbeiter weicht in der Regel von den offiziell verabschiedeten Zielen und getroffenen Regelungen ab.
2. Unterjährig kommt es zu Änderungen im Zielsystem, und zwar sowohl zu formell ausgesprochenen als auch zu verdeckten, privaten Uminterpretationen von Zielen.
3. Es kommt vor, daß Unklarheit darüber besteht, welche Zielformulierung noch gilt, d.h. vom Management autorisiert ist.

Demzufolge wirken Ziele im Unternehmensalltag oftmals nur als zeitlich begrenzt-stabile Übereinstimmungen. Und es ist eine wesentliche Aufgabe der Führungskräfte, auf allen Ebenen eine aktuelle Reproduktion des Zielkonsens und der Zielausrichtung in einem für alle Beteiligten nachvollziehbaren System zu leisten.

Zielmanagement erfolgt in einem dynamischen Prozeß. Infolgedessen wird die Frage der Zielsteuerung plötzlich sehr bedeutsam, weil über die Qualität des Zielsteuerungsprozesses auf den Zielerfüllungsgrad eingewirkt wird.

183

Allgemein betrachtet setzt eine funktionierende Steuerung dreierlei voraus: erstens die Feststellung des momentanen Ist-Wertes, zweitens eine Angabe über einen anzusteuernden Soll-Wert und drittens ein Verfahren, das die Abweichung mißt und eine Angleichung an den Soll-Wert initiiert.

In der Technik kennen wir den Vorgang der Regelung, bei dem ein vorgegebener Soll-Wert fortlaufend durch Meßvorgänge dieses Wertes hergestellt und aufrechterhalten wird. In der Steuerung von Unternehmen wird exakt dieser Vorgang durch das Controlling übernommen.

Was genau verbirgt sich hinter diesem englischen Begriff «Controlling»?

Zunächst gilt es, ein weitverbreitetes Mißverständnis aufzuklären, das immer wieder dadurch entsteht, daß Controlling mit Kontrolle gleichgesetzt bzw. verwechselt wird. Controlling ist die Denkhaltung des Vorausschauens. Kontrolle hingegen entspringt der Denkhaltung des Zurückschauens.

Ein einfaches Beispiel mag dies veranschaulichen. Wenn Sie mit Ihrem Wagen bei Regenwetter von der Straße abkommen, in einen Acker fahren, dabei mehrere Bäume streifen und schließlich in einen Erdhügel fahren, dann hat die Kontrolle funktioniert, aber nicht das Controlling. Sie haben kontrolliert mitbekommen, was passiert ist, aber Ihr Fahrzeug nicht beherrscht.

Hätte das Controlling funktioniert, wäre es dazu nicht gekommen, weil im Sinne der Vorsteuerung Geschwindigkeit und Fahrverhalten den Straßenverhältnissen angepaßt gewesen wären. Im Englischen bedeutet «to control» soviel wie: regeln, steuern, im Griff haben. Controlling ist also vorausschauendes Steuern.

Nun stellt sich natürlich die Frage, warum die Steuerung eines Unternehmens heute in fast allen Bereichen mit der althergebrachten Kontrolle nicht mehr auskommt. Die Antwort liegt in der Veränderungsgeschwindigkeit der uns umgebenden Prozesse. Kontrolle funktioniert nur so lange, wie die Umwelt sich relativ statisch verhält. Wo wenig Bewegung ist, wo Abläufe eher stabil bis starr sind, da reicht es, wenn in der Rückschau festgestellt wird, was erreicht wurde.

Die klassische Gewinn-und-Verlust-Rechnung ist zum Beispiel vergangenheitsorientiert. Am Ende einer Leistungsperiode stellt man fest, was war. Das reicht für unsere heutigen Prozesse nicht mehr. Vergangenes ist nicht zu ändern; nur Zukünftiges ist beeinflußbar. Deshalb ist eine vorausschauende Ergebnissteuerung erforderlich. Das Controlling fragt: Was kommt auf uns zu an Kosten, Umsatz, Ertrag, Investitionen usw.? Wo müssen wir reagieren, um gesteckte Ziele zu erreichen?

Man muß kein Prophet sein, um vorauszusagen, daß durch die enormen Veränderungen des Lean-Managements auch ein neues Controllingverständnis erwachsen wird, und zwar vom ereignisorientierten zum prozeßorientierten Controlling [72].

Das bedeutet, daß das ständige Messen von Größen (Mengen, Kosten, Umsatz, Zeit usw.) zum integralen Bestandteil des Herstellungsprozesses von Gütern und Dienstleistungen wird. Insofern können wir uns von dem oftmals doch sehr negativ besetzten Begriff «Kontrolle» mehr und mehr lösen.

Deswegen fällt Kontrolle nicht weg. Sie ist notwendiger Bestandteil des Controllingprozesses, um das Ist nachvollziehend zu messen, wie wir ja in Kapitel 3 bei den Zielkontrollverfahren gesehen haben.

Zum besseren Verständnis sei noch erwähnt, daß wir uns hier nur mit Fragen des operativen Controlling beschäftigen, das einen Verlaufszeitraum von 1 bis 3 Jahren betrachtet. Daneben gibt es das strategische Controlling, das einen Zeitraum von 5 bis 10 Jahren einbezieht [73]. Zwischen beiden Controlling-Arten gibt es naturgemäß Berührungspunkte bzw. Schnittstellen.

Wenn das operative Controlling über längere Zeiträume hinweg immer wiederkehrende Abweichungen offenlegt, sind meistens strategische Fragen nicht eindeutig beantwortet oder geklärt worden. Operatives Controlling als Frühwarnsystem verstanden, kann aber nur dann wirken, wenn die Leute im Tower (Führungskräfte) nicht die Bildschirme abschalten.

Sicherlich darf man sagen, daß dort, wo kein systematisches Zielcontrolling durchgeführt wird, es auch mit zielorientiertem Managen nicht ernst gemeint ist. Ziele sind nur die Initialzündung zum Handeln. Das Controlling begleitet und überwacht den Zielannäherungsprozeß und hält uns vorausschauend auf Zielkurs. Dazu bedarf es einiger Instrumente, wie wir nachfolgend sehen werden.

Die 4 Bausteine des operativen Controlling

Controlling kann nur dann dem Anspruch des Vorausdenkens genügen, wenn es auf bestimmte Bausteine zurückgreifen kann [74]. Im einzelnen sind dies:

☐ Ziele und Planungen,
☐ Berichtswesen,
☐ Analyse der Abweichungsursachen,
☐ Gegensteuerung.

Ziele und Planungen

Wir haben in den vorangegangenen Kapiteln ausführlich dargelegt, auf welche Art und Weise und in welchen Gestaltungsformen Ziele im Unternehmen entwickelt und beschlossen werden. Sind diese Ziele formuliert, dann geht es in der operativen Planung um die Fragen der planerischen Umsetzung. Wenn z.B. das Jahresziel in einer Steigerung der Öl-Ratio oder des Marktanteils bei Feingebäck oder der Steigerung des Bausparanteils am Gesamtumsatzvolumen um x% liegt, dann ist im voraus zu planen, womit das konkret erreicht werden soll.

Mit der Größe des Unternehmens nimmt im Regelfall auch die Anzahl der notwendigen Planungsbestandteile zu. Wir kennen heute folgende operative Teilplanungen:

1. Plan-Gewinn-und-Verlust-Rechnung, die aufzeigt, wie sich Erträge und Kosten im nächsten Jahr entwickeln müssen, um die im Zielplan formulierten Größen zu erreichen.
2. Umsatz-, Absatz- und Marketingplan mit detaillierten Aktionsplänen
3. Produktions- und Kapazitätsplanung
4. Investitionsplanung und Investitionsrechnungen
5. Personalplan und Organisationsplan
6. Finanz- und Liquiditätsplanung
7. Beschaffungsplanung und Planbilanz

Wenn alle Teilplanungen aufeinander abgestimmt sind, haben die Ziele die erforderliche «Bodenhaftung». Jeder weiß, welcher «Zielbeitrag» zu leisten ist, damit das gemeinsame Ganze erreicht wird. Die für das Geschäftsjahr vereinbarte Zielplanung hat Verbindlichkeitscharakter. Sie wird auch unterjährig nicht verändert. Lediglich bei gravierenden Ereignissen sollte man über eine Zielgrößenänderung reden. Ansonsten gilt, daß mit dem Erwartungswert operiert wird (siehe nachfolgende Erläuterungen).

Das Berichtswesen

Die in der operativen Planung für das nächste Jahr festgelegten Planumsätze, Plankosten usw. werden im Berichtswesen zu genau festgelegten Zeitpunkten überprüft. Hierbei unterscheiden wir zwei wesentliche Blickrichtungen.

1. Der vergangenheitsorientierte Plan-Ist-Vergleich
Hier werden Daten aufgezeigt, die sich auf den jeweiligen Berichtszeitraum (in der Regel 1 Monat) beziehen. Man vergleicht die geplanten Umsätze, Kosten usw. mit den tatsächlich erreichten Ist-Werten. Hinzu kommen dann noch die kumulierten Plan- und Ist-Werte des bisher abgelaufenen Berichtsjahres.
Dies ist der bislang praktizierte, klassische feedback-orientierte Vergleichsansatz. Allerdings ist hier schon wieder alles passiert.

Der Monat ist abgelaufen, wir haben den 30.6. und liegen z.B. über Plan. Was fehlt ist eine zukunftsorientierte Zielaussage. Bis hierhin ist das einfache Kontrolle.

2. Der zukunftsorientierte Plan-Ist-Vergleich

Im Controlling betrachtet man zukünftig zu erwartende Abläufe und Ergebnisse. Das zeigt sich konkret in der Nennung von Erwartungswerten (engl.: forecast) für die geplanten Zielgrößen. Wenn Sie am 30.6. feststellen, daß Sie über oder ggf. auch unter Plan liegen, dann ist doch die alles entscheidende Frage: «Was erwarten Sie für das nächste Quartal bzw. bis zum Jahresende?» Ist das geplante Ziel noch erreichbar? Welche bislang unerwarteten Ereignisse sind zielblockierend oder zielfördernd?

Am Berichtsstichtag soll eine begründete Ziel-Ergebnis-Hochrechnung abgegeben werden. Erst dann stellt sich heraus, ob man mit der zu erwartenden Abweichung leben kann oder nicht. Und genau darin liegt die feedforward-orientierte Denkhaltung.

Das bewirkt eine veränderte Einstellung zur Abweichung. Während beim vergangenheitsbezogenen Feedback-Kontrollansatz die Suche nach Schuldigen und Fehlern leider oft im Vordergrund stand, wird beim zukunftsbezogenen Feedforward-Ansatz die Abweichung als Signal dafür verstanden, daß man etwas anders machen muß.

Die Abweichung ist in einer sich ständig in Bewegung befindlichen Umwelt ein Signal für notwendige Lern- und Anpassungsprozesse. So ist der Plan-Ist-Vergleich des Monats Januar das erste Feedback, das den Verantwortlichen zeigt, ob der Jahresplan erreichbar oder gefährdet ist, was sich mit zunehmender Berichtszeit dann erhärtet. Und mit dem Umdenken von Feedback auf Feedforward löst sich das Controlling aus der Zwangsjacke des kontrollierenden Feststellens gewesener Abweichungen heraus. Durch die vorwegnehmende Feststellung von Abweichungen (antizipierendes Denken) wird eine rechtzeitige Gegensteuerung noch ermöglicht.

Für die Prozeßqualität ist es wichtig, daß der Erwartungswert eine realistische Größe darstellt, die nicht aus der Not heraus geboren wird, sondern einer kritisch-rationalen Analyse entspricht. Da die Ziele im Normalfall unterjährig nicht verändert werden, ist der Erwartungswert die für den nächsten Berichtszeitraum relevante Meßgröße. Wie in Bild 5.1 zu sehen ist, bleibt die Plan-Zielgröße konstant, während der Erwartungswert unterjährig schwanken kann.

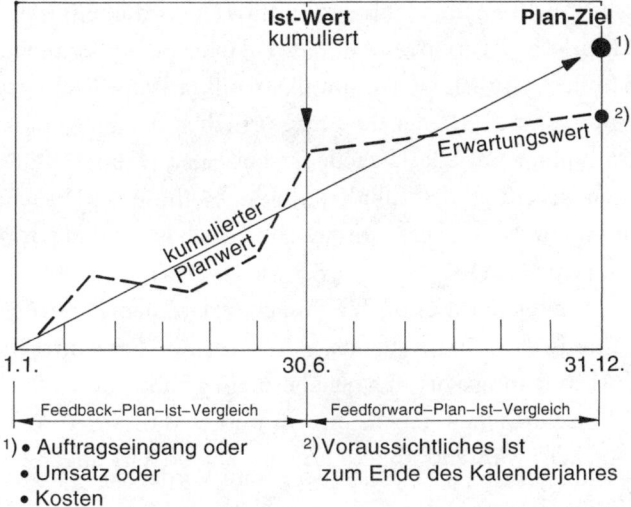

Bild 5.1 Plan-Ist-Vergleich im Controllingverfahren

Analyse der Abweichungsursachen

Anhand der Erwartungswerte wird deutlich, bei welchen geplanten Zielgrößen Abweichungen zu erwarten sind. Sofern es sich um nicht hinnehmbare Abweichungen handelt, ist als nächstes mit einer Ursachenanalyse fortzufahren. Dabei empfiehlt sich ein Vorgehen in drei Schritten:

1. Ursachenanalyse nach dem Ishikawa-Diagramm
Die Ursachenanalyse nach dem Ishikawa-Diagramm haben wir bereits in Kapitel 2 ausführlich dargestellt, weshalb wir uns hier mit einer kurzen Beschreibung begnügen können.

189

Für die wichtigsten Zielgrößen ist zu fragen, von welchen Haupteinflußgrößen welche Einzelursachen ausgehen. Wir haben hier als Haupteinflußgrößen gesetzt: Mensch (Mangel an Wissen, Können, Motivation), Methode (Mängel in der Art und Weise, im Prozeß), Produkte/Instrumente (Mängel in Produkten, Hilfsmitteln, Maschinen, Werkzeugen usw.) und Marktlage. Sie sind natürlich nicht an die Haupteinflußgrößen Produkte/Instrumente und Marktlage gebunden. Je nach Analysesektor können hier auch andere Größen stehen. Im Controlling-Prozeß sind gemeinsam mit dem Mitarbeiter die Einzelursachen für die Abweichung zu ermitteln, und jede Ursache ist bei einer Haupteinflußgröße (Bereich) schriftlich festzuhalten. In dieser Phase der Ursachenbestimmung findet nur das Sammeln und noch keine Bewertung der Einzelursachen statt.

2. Bestimmung der wichtigsten Ursachen nach dem Pareto-Prinzip
Die Alltagserfahrung sagt uns, daß nicht alle Einzelursachen in ihrer Abweichungswirkung gleichermaßen zu Buche schlagen. Es wird Einzelursachen geben, die ein hohes Maß an Abweichung verursachen, während andere nur marginale Wirkungen hervorrufen.

Deshalb kommt es darauf an, nach dem Pareto-Prinzip, das auch als 20-80-Regel bezeichnet wird, jene 20% der Ursachen zu finden, die 80% der Abweichung erklären. Wir wollen also den wirksamsten Mangel/Engpaß herausfinden. Wenn dieser wirksamste Engpaß behoben ist, müßte auch die Zielabweichung entsprechend deutlich zurückgehen.

3. Einschätzung der Beeinflußbarkeit nach dem A-B-C-Raster
Mit der Bestimmung der wichtigsten Ursachen ist die Analyse – wie fälschlicherweise oft angenommen wird – noch nicht beendet. Im dritten und letzten Schritt geht es um die Frage, wer die Einzelursache beeinflussen kann, damit die Zielabweichung behoben wird. Dabei gibt es nach dem A-B-C-Raster drei Möglichkeiten:

A = Ursache ist in Eigenregie abstellbar.
B = Ursache ist nur in Kooperation mit anderen abstellbar.
C = Ursache liegt außerhalb des Einflußbereichs und ist nur
    von anderen abstellbar.

Im Controllingprozeß mit Mitarbeitern ist natürlich sehr genau
zu prüfen, was von ihnen selbst (A) oder in Zusammenarbeit mit
anderen (B) zu beeinflussen ist. Die C-Kategorie dürfte möglichst
selten vorkommen, denn das würde ja bedeuten, daß man nichts
zur Behebung einer Zielabweichung tun könnte.

Maßnahmen zur Gegensteuerung

Zum jetzigen Zeitpunkt des Controllingprozesses ist diagnosti-
ziert, wer in Eigenregie oder in Zusammenarbeit mit anderen
einen Ursachenfaktor beeinflussen kann. Nun ist es notwendig zu
beraten, mit welchen konkreten Handlungen (Maßnahmen) die
Abweichung behoben werden soll.

Und gerade bei diesem letzten Schritt, sozusagen dem «Thera-
pieplan», wird in der Praxis oft «gekniffen», was sich in völlig
unverbindlichen Aussagen widerspiegelt. So finden wir z.B. zur
Behebung einer Umsatzabweichung die Maßnahmenformulierung: «Bestandsarbeit wird forciert.» Das entspricht in der Klarheit der Aussage ungefähr der Formulierung: «Ich beabsichtige,
irgendwann einen Baum zu pflanzen.» Derartige Formulierungen
sind nicht controllingfähig; Vorgesetzter und Mitarbeiter wissen
nicht, was denn nun genau zu tun ist. Eine controllingfähige
Maßnahmenformulierung enthält deshalb folgende Elemente:

1. Beschreibung der Maßnahme.
2. Nennung des durch die Maßnahme zu erwartenden Ergebnisses.
3. Wer ist verantwortlich? (Es kann auch bei Abstimmung mit
   anderen immer nur einen Hauptverantwortlichen geben.)
4. Zu welchem Zeitpunkt bzw. in welchem Zeitrahmen soll das
   Ergebnis erreicht werden?

5. Welche Budgetmittel (Kosten) beansprucht die Maßnahme?
6. Nennung des neuen Erwartungswertes für das nächste Quartal bzw. für das Jahresziel nach Durchführung der Maßnahmen.

Nur wenn die Maßnahmenvereinbarung im Range einer Zielformulierung steht, können Sie erwarten, daß alle Beteiligten genau wissen, was zu tun ist.

Hinsichtlich des Inhaltes kann es sich dabei um völlig neue Maßnahmen handeln oder um die Korrektur bereits früher vereinbarter Maßnahmen, die aber nicht den gewünschten Erfolg gebracht haben.

In Bild 5.2 haben wir am Beispiel des Vertriebs-Controlling die Gestaltung des Gesamtprozesses dargestellt.

1. Aktuelle Berichtswerte

2. Erwartungswerte (forcast)

Nr.	Zielgröße	Monat: Plan	Ist	Abweichung absolut	in %	Kumul. Werte lfd. Jahr Plan	Ist	Abweichung absolut	in %	Jahres-planwert	Erwartung nächstes Quartal	Erwartung bis Ende des Jahres	voraussichtl. Abweichung zum Jahresplanwert absolut	in %
1	Aktiv-Geschäft													
2	Passiv-Geschäft													
3	Lebens-versicherung													
4	Sach-versicherung													
5	Unfall-versicherung													
6	private Kranken-versicherung													

Kosten

Nr.														
7	Personal-kosten													
8	Sachkosten													

Mitarbeiter

Nr.														
9	A-Führungs-kräfte													
10	hauptberufliche Mitarbeiter													
11	nebenberufliche Mitarbeiter													

Bild 5.2 Controlling-Formulare

3. Analyse der Abweichungsursachen

Nr.	Zielgröße	Abweichung bezogen auf		SAMMLUNG DER EINZELURSACHEN			
		nächstes Quartal	Gesamt-Jahr	Bereich Mensch	Bereich Methode	Bereich Produkte/Instrumente	Bereich Marktlage

Die wichtigsten Abweichungsursachen sind:

1	
2	
3	
4	
5	

Ursache ist beeinflußbar		C: nicht beeinflußbar, weil …
A: in Eigenregie	B: in Kooperation mit …	

Bild 5.2 Controlling-Formulare

194

4. Ziel- und Maßnahmenvereinbarung zur Behebung von Abweichungen

Nr.	Maßnahmenvereinbarung	erwartetes Ergebnis	verantwortlich dafür ist	Abstimmung mit	Termin	Budgetmittel
	neue Maßnahmen	...				
	Korrektur vereinbarter Maßnahmen					

Erwartetes Quartals-/Jahresziel unter Berücksichtigung obiger Maßnahmenvereinbarungen im Bereich

Produkte	Mitarbeiter	Kosten

Teilnehmer: _____

Datum _____

Bild 5.2   Controlling-Formulare

Das operative Ziel-Controllingsystem

Wenn das Ziel-Controlling als ganzjähriger Begleitprozeß auf allen Unternehmensebenen wirken soll, bedarf es einer systematischen Handhabung. Systematisch bedeutet in diesem Fall, daß es aufeinander abgestimmte, feste Controllingzyklen gibt, die als stationäre Bestandsaufnahme des Gesamtprozesses zu sehen sind. Die Ausgestaltung eines solchen Ziel-Controllingsystems erfolgt sinnvollerweise an den Gegebenheiten des jeweiligen Unternehmens. Erfahrungsgemäß zeigen sich aber in den meisten Unternehmen Controllingzyklen gemäß Tabelle 5.1.

Leitungsebene	Controllingprozeß
Geschäftsführung mit Bereichsleitern	jährlicher Zielbildtag
Geschäftsführung mit Bereichsleitern	quartalsmäßige Zielreviews
Bereichsleiter mit Abteilungs-, Team- und Gruppenleitern	monatliche Zielreviews
Abteilungs-, Team- und Gruppenleiter mit Mitarbeitern	Ziel-Controlling-Gespräche mit Mitarbeitern regelmäßig bzw. nach Bedarf

Tabelle 5.1 Der Controllingprozeß auf verschiedenen Leitungsebenen

Der jährliche Zielbildtag

Der jährliche Zielbildtag auf Top-Leitungsebene ist mehr als das vierte Quartalsreview des Geschäftsjahres. Es ist ein besonderes Element im Controllingsystem, das an der Nahtstelle von Jahreszielplanung zur Dreijahreszielplanung in der Zielpyramide des Unternehmens steht (vgl. Bild 1.1).

Von daher ergeben sich hinsichtlich der inhaltlichen Gestaltung folgende Kernpunkte, die zu behandeln sind:

1. Rückschau auf das abgelaufene Geschäftsjahr mit einer entsprechend qualifizierten Analyse von Abweichungen.
2. Klärung der Vernetzungswirkung der Jahreszielerreichung auf den Dreijahreszielplan. Besondere Aufmerksamkeit verdienen hier die Durchbruchziele.
3. Auswirkungen des Jahreszielerreichungsgrades auf die strategische Ziel-Zeitlinie des Unternehmens. Berücksichtigung finden hier u.a. auch globale Trends.
4. Eingehende Analyse des Qualitätsniveaus des Zielmanagements im Gesamtunternehmen.

Der gesamte Zielmanagementprozeß im Unternehmen befindet sich aufgrund interner und externer ungeplanter Ereignisse oftmals im Zustand eines instabilen Gleichgewichts. Um so wichtiger ist es deshalb, daß die Führungskräfte einen aktiven Prozeß der Zielbildreproduktion angehen. Es ist ja immer wieder erstaunlich, auf welche abwegigen Gedanken und Auslegungen man kommen kann, wenn man nur lange genug alleine denkt.

Der jährliche Zielbildtag hat deshalb eine enorme Kommunikations- und Orientierungsfunktion, denn Ziele sind nicht an sich gegeben, sondern Ergebnis eines Herstellungsprozesses. Und als Controllingelement soll der Zielbildtag zur Sicherung einer guten Qualität dieses Herstellungsprozesses beitragen.

Monatliche und quartalsmäßige Zielreviews

Wir haben bereits in Kapitel 3 dargestellt, daß zu einer funktionierenden Zielvereinbarung immer auch eine Absprache über die Zielkontrolle gehört, und zwar in Abhängigkeit vom Reifegrad des Mitarbeiters.

Diese laufenden, den Arbeitsalltag begleitenden Meßvorgänge werden in den monatlichen und quartalsmäßigen Zielreviews sozusagen als momentane Bestandsaufnahme dokumentiert. Nun wissen wir, daß damit ja erstmal nur der Rückblick stattgefunden hat. Soll die Controllingfunktion wahrgenommen werden, muß die Komponente der vorsteuernden Zielsicherung hinzukommen.

In der Praxis finden wir in nicht unerheblichem Ausmaß Klagen über den Ablauf solcher Zielreviews. Diese Klagen beziehen sich im wesentlichen auf folgende Punkte:

1. Das Zielreview wird als Präsentationsveranstaltung mißverstanden, bei der es darauf ankommt, möglichst gut dazustehen.
2. Es entsteht oftmals eine gerichtssaal-ähnliche Verhörsituation, in der aus der Ich+/Du- Position heraus angeklagt wird.
3. Der Darstellung und Behandlung negativer Zielabweichungen wird überproportional viel Zeit eingeräumt, während Zielerreichungen als selbstverständlich übergangen werden.
4. Die Zeitanteile von Rückschau (Feedback) und Vorschau (Feedforward) sind ungleich. Es überwiegt der feedback-orientierte Plan-Ist-Vergleich.
5. Am Ende stehen statt eindeutiger Ziel-Wege-Absprachen globale Appelle, sich mehr anzustrengen und auf Zieleinhaltung zu achten.

Damit das Zielreview zu einem konstruktiv erlebten Ereignis werden kann, in das die Teilnehmer offen und nicht in Verteidigungshaltung hineingehen, empfiehlt sich folgender, praxiserprobter Ablauf:

1. Insgesamt knapp gehaltene Darstellung der Ist-Werte.
2. Fangen Sie immer mit den positiven Werten an. Die Reihenfolge im Datenblatt ist nicht maßgebend für die Darbietungsfolge.
3. Beschränken Sie sich auf die wesentlichen Abweichungen, insbesondere was die Durchbruchziele anbelangt.
4. Geben Sie genügend Raum zur Erarbeitung der Erwartungswerte.
5. Machen Sie bei wichtigen Zielabweichungen gemeinsam in der Gruppe eine Kraftfeld-Analyse, um die zielfördernden und zielhemmenden Faktoren aufzuspüren (vgl. Kapitel 2).

6. Stellen Sie bei wichtigen Zielen den Zusammenhang zum übergeordneten Zielrahmen her und geben Sie die notwendigen Hintergrundinformationen.

7. Erarbeiten Sie mit der Gruppe, wo genau die Schwierigkeiten liegen, die Handlungsbedarf – u.U. auch auf höhergelegenen Führungsebenen – auslösen.

8. Treffen Sie grundsätzlich controllingfähige Maßnahmenabsprachen. Dazu eignet sich auf Gruppenebene sehr gut auch die in Kapitel 4 dargestellte Tätigkeitsliste zur Ergebnissicherung in Besprechungen.

9. Machen Sie am Ende immer eine Prozeßkontrolle, indem Sie durch Einsatz von Techniken der moderierten Gruppenarbeit (vgl. Kapitel 4) das Zielreview mit einer Einpunkt-Frage bewerten lassen. Über die Zuruf-Frage oder Karten-Frage können dann noch Kritikpunkte und Verbesserungsvorschläge erarbeitet werden.

Für die Qualität des Zielreviews ist wichtig, daß es in strukturierter Form abläuft. Dazu zählt auch, daß man nicht ständig Controllingformulare ändert. Ferner ist von Bedeutung, mit wenigen, aber aussagefähigen Daten zu arbeiten. Es schafft Unlustgefühle, wenn ausschließlich «Zahlenfriedhöfe» umgegraben werden. Entscheidend ist, daß gemäß der «Controlling-Philosophie» des Vorausdenkens gefragt wird, wie es weitergeht.

Im übrigen gilt, daß bei allen Controllinganlässen die Grundhaltung der Beteiligten maßgeblich die Prozeßqualität bestimmt (vgl. Kapitel 3: Das Zielvereinbarungsgespräch). Abseits aller rationalen Zahlenanalysen geht es auch darum, sich psychologisch richtig zu verhalten, um keine Gewinner-Verlierer-Situation zu produzieren.

Jeder ist in seinem Verantwortungsbereich für Controlling zuständig. Controlling ist Aufgabe der Führungskräfte. In größeren Unternehmen steht die Controlling-Abteilung beratend zur Seite, übernimmt aber keine Linienfunktionen.

Das Controlling-Gespräch auf Mitarbeiterebene

Das Controlling-Gespräch mit einzelnen Mitarbeitern findet, je nach Tätigkeitsbereich, in unterschiedlichem Rhythmus statt. In Vertriebsorganisationen kann das ein Wochenanalysegespräch sein, damit die monatliche Zielgröße frühzeitig genug vorausschauend beeinflußt wird.

Wenn Innovationsziele in Form von Projekten anstehen, bestimmen die projektbezogenen Meilensteine oder Audits den Controllingrhythmus [75].

Aus der Summe aller unterjährig geführten Controlling-Gespräche ergeben sich Beurteilungsgrundlagen für das Z+B-Gespräch (siehe auch Kapitel 3). Somit schließt sich dann auf Mitarbeiterebene der Kreis von Ziel-Controlling und erneutem Zielbildungsprozeß für das neue Geschäftsjahr.

In der Praxis stehenMitarbeiter dem Controlling-Gespräch teilweise noch sehr kritisch gegenüber.

Die Gründe dafür sind vielfältig, angefangen bei schlechten Erfahrungen oder der falschen Vermutung, nur kontrolliert zu werden, bis hin zu der menschlich verständlichen Überlegung, daß das Konfrontiertwerden mit erreichten Werten einfach unbequem sein kann.

Um so wichtiger ist, daß die Führungskraft eine saubere Gesprächsstruktur im Controlling-Gespräch einhält. Dabei hat sich in der Praxis folgende Vorgehensweise als brauchbar erwiesen:

1. Klärung der aktuellen Ausgangslage
Die Führungskraft stellt zunächst die aktuellen Zahlen dar.
☐ Welche Ziele waren geplant?
☐ Welche Ist-Werte wurden erreicht?
☐ Wo gibt es Abweichungen, die Handlungsbedarf anzeigen
  – aus der Sicht der Führungskraft?
  – aus der Sicht des Mitarbeiters?

2. Nennung des Erwartungswertes
- ☐ Führungskraft nennt E-Wert, wenn der Trend sich so fortsetzt.
- ☐ Mitarbeiter nennt E-Wert, der seiner Einschätzung nach erreichbar ist. Hier ist darauf zu achten, daß der E-Wert im Range eines Ziels steht, das einen absolut realistischen Bezug haben muß. «Gefälligkeitswerte» nützen niemandem.
- ☐ Festlegung eines gemeinsamen E-Wertes.

3. Analyse der wichtigsten Abweichungswerte

Dies ist einer der anspruchvollsten Teile des Gespräches. Verlagern Sie den Gesprächsanteil hier auf den Mitarbeiter und gehen Sie genau nach der Struktur auf Seite 2 in Bild 5.2 vor.

- ☐ Ermittlung der Abweichungsursachen
  - – Der Mitarbeiter nennt für die erste Zielgröße die Abweichungsursachen.
  - – Die Führungskraft nennt die Ursachen aus ihrer Sicht.

  Dann gemeinsames Beraten und Protokollierung der Ursachen im jeweiligen Hauptursachenbereich (Mensch, Methode usw.)
- ☐ Bestimmung der wichtigsten Ursachen nach der 20-80-Regel (Pareto)
  - – Mitarbeiter bestimmt die wichtigsten Ursachen aus seiner Sicht.
  - – Führungskraft bestimmt Ursachen aus ihrer Sicht.

  Dann gemeinsames Festlegen.
  - – Protollierung der wichtigsten Ursachen.
- ☐ Festlegung der Beeinflußbarkeit
  - – Bei den wichtigsten Abweichungsursachen ist jeweils zu bestimmen, ob sie in Eigenregie, in Zusammenarbeit mit anderen oder gar nicht beeinflußbar sind.
  - – Mitarbeiter und Führungskraft sollten hier zu einem einvernehmlichen Ergebnis kommen, weil davon die Maßnahmenplanung tangiert wird.

4. Vereinbarung von Maßnahmen

Mit der Maßnahmenvereinbarung wird festgelegt, was zur Behebung der Abweichung getan werden soll.

- Mitarbeiter macht zuerst Lösungsvorschläge.
- Führungskraft prüft Lösungsvorschläge auf Angemessenheit und Machbarkeit.
- Schriftliche Vereinbarung controllingfähiger Maßnahmen (siehe Bild 5.2).

Die Analyse mehrerer hundert Controlling-Gespräche hat gezeigt, daß die Führungskräfte oft folgende Fehler machen:

1. Die Gesprächsphasen werden nicht sauber abgeschlossen, was dazu führt, daß z B. in der Analysephase wieder über die Ausgangslage diskutiert wird.

2. Der Erwartungswert wird in seiner psychologischen Alarmfunktion für die Bewußtmachung der Abweichung im Trendverlauf unterschätzt.

3. In der Ursachenanalyse wird das Sammeln der Ursachen zu früh abgebrochen oder es werden die Lieblingsursachen der Führungskraft überbetont.

4. Man überspringt die Abweichungsanalyse komplett und redet sofort über Maßnahmen, was dann meist in globalen Aussagen endet.

5. Die Maßnahmenvereinbarungen sind, auch bei vorgenommener Ursachenanalyse, oft zu allgemein gehalten. Es ist nicht erkennbar, welche Maßnahme welche Ursache beseitigen soll, damit die Zielabweichung verringert wird.

Insgesamt gesehen darf man wohl feststellen, daß Controlling-Gespräche recht hohe Anforderungen an die Führungskraft stellen. Neben der gründlichen Gesprächsvorbereitung und der Beherrschung der dargestellten Ablaufstruktur kommt es vor allem darauf an, das Gespräch in einer konstruktiven Form zu führen.

Die Führungskraft tritt hier als Berater auf, der Erkenntnisprozesse beim Mitarbeiter auslösen soll. In diesem Sinne könnte man das Controlling-Gespräch auch als individuelles, betriebswirtschaftliches Beratungs- und Coachinggespräch auffassen.

Literaturverzeichnis

1 KIRSCH, WERNER: *Unternehmenspolitik und strategische Unternehmensführung*, 2. Auflage. München, 1991, S. 152.

2 KIRSCH, a.a.O., Seite 220.

3 ODIORNE, GEORGE S.: *Management by Objectives*. München, 1980.

4 KIRSCH, a.a.O., Seite 41

5 OESS, ATTILA: *Total Quality Management*. Wiesbaden 1989.

6 ZINK, KLAUS J. (Hrsg.): *Qualität als Managementaufgabe*. Landsberg/Lech, 1989.

7 KIRSCH, a.a.O., Seite 242.

8 DIETRICH, R.: Entstehungsprozeß eines Unternehmensleitbildes und seine Umsetzung in die Praxis. In: *Der Controlling-Berater 5/92*, Seiten 71—132.

9 SCHREYÖGG, G.: *Unternehmensstrategie*. Berlin, New York, 1984.

10 HAX, A.C./MAJLUF, N.S.: *Strategisches Management*. Frankfurt a.M./New York, 1988.

11 HINTERHUBER, H. H.: *Strategische Unternehmensführung*, 3. Auflage. Berlin/New York, 1984.

12 HINTERHUBER a.a.O., Seite 24.

13 MACKRODT, D.: TQM-Total Quality Management im Vertrieb, dargestellt am Beispiel der Hewlett Packard GmbH. In: ZINK, KLAUS J.: *Qualität als Managementaufgabe*. Landsberg/Lech, 1989, Seiten 180 ff.

14 ENGEL, P./RIEDMANN, W.: *Die neuen Managementtechniken in Fällen, Band 1*. München, 1982, vgl. S. 133—137.

15 EIFFE, FRANZ F.: *Management by Objectives*. Gernsbach, 1976, vgl. S. 34—44.

16 MALIK, FREDMUND: *Strategie des Managements komplexer Systeme*. Bern und Stuttgart, 1984, vgl. S. 48—70.

17 BÖSENBERG, DIRK/METZEN, HEINZ: *Lean Management. Vorsprung durch schlanke Konzepte*, 2. Auflage. Landsberg/Lech, 1993.

18 PFEIFFER, WERNER/WEIß, ENNO: *Lean Management. Grundlagen der Führung und Organisation industrieller Unternehmen*. Berlin, 1992.

19 WOMACK, JAMES/P./JONES/DANIEL T./ROOS, DANIEL: *Die zweite Revolution in der Autoindustrie*. Frankfurt/New York, 1992.

20 CRANACH, M. V. KALBERMATTEN, U./INDERMÜHLE, K., GUGLER, B.: *Zielgerichtetes Handeln*. Bern/Stuttgart/Wien, 1980, S. 88 ff.

21 BACHMANN, WINFRIED: *Das neue Lernen. Eine systematische Einführung in das Konzept des NLP.*, Paderborn, 1991, S. 289.

22 PORTER, KAY/FOSTER, JUDY: *Mentales Training*. München/Wien/Zürich, 1987; auf den Seiten 57 und 58 fin-

den Sie ein Visualisierungsprogramm für Ziele.

23 STAHL, THIES: *Triffst du 'nen Frosch unterwegs ... NLP für die Praxis*. Paderborn, 1988; auf Seite 72 ist ein Programm zur Zieldefinition.

24 HECKHAUSEN, HEINZ: *Motivation und Handeln*. Berlin/Heidelberg/New York, 1980, vgl. Kapitel 9: Leistungsmotivation.

25 LEWIN, KURT: Frontiers in Group Dynamics. In: *Human Relations 1/1947*, S. 5—41 und 143—153.

26 WATZLAWIK, PAUL/WEAKLAND, JOHN H./ FISCH, RICHARD: *Lösungen. Zur Theorie und Praxis menschlichen Wandels*. Bern/Stuttgart/Wien, 1975, vgl. S. 51—115.

27 KEPNER, CHARLES H./TREGOE, BENJAMIN B.: *Entscheidungen vorbereiten und richtig treffen*, 3. Auflage. Landsberg/Lech, 1985, vgl. Kapitel 7, S. 165—185.

28 KIRSCH, WERNER: a.a.O., Seite 221.

29 KAISER, FRANZ-JOSEF: *Entscheidungstraining*, 2. erweit. Auflage. Bad Heilbrunn, 1976, vgl. S. 11—34.

30 BRAUCHLIN, EMIL: *Problemlösungs- und Entscheidungsmethodik*, 2. Auflage. Bern und Stuttgart, 1984, vgl. S. 43—88.

31 BUGDAHL, VOLKER: *Methoden der Entscheidungsfindung*. Würzburg, 1990: Vogel Buchverlag, vgl. S. 25.

32 ULRICH, HANS/PROBST, GILBERT, J. B.: *Anleitung zum ganzheitlichen Denken und Handeln*. Bern und Stuttgart, 1988, vgl. Teil 3, S. 105—227.

33 GOMEZ, PETER/PROBST, GILBERT, J. B.: *Vernetztes Denken im Management*, Bern, 1987. vgl. S. 6—16.

34 FRANKE, HEINZ: *Problemlösungen und Kreativität*. Goch, 1980, vgl. S. 118—125.

35 ZINK, K. J./SCHICK, G.: *Quality Circles. Qualitätsförderung durch Mitarbeitermotivation*. München/Wien, 1984, vgl. S. 79—82.

36 DRUCKER, PETER, F.: *Die Praxis des Management*. München/Zürich, 1970, (engl. Originalausgabe: The practice of Management, New York, 1954).

37 DRUCKER, PETER, F.: a.a.O., 1970, S. 139.

38 DRUCKER, PETER, F.: a.a.O., 1970, S. 144.

39 MCGREGOR, DOUGLAS: *The Human Side of Enterprice*. New York, 1960.

40 KALTENBACH, HORST G.: *Unternehmensentwicklung kreativ umsetzen*. Würzburg, 1988: Vogel Buchverlag, S. 47.

41 MÜRI, PETER: *Dreidimensional führen mit Verstand, Gefühl und Intuition, Band 2: Anwendung*, 1. Auflage. Thun, 1990, Seiten 67 f.

42 SZYPERSKI, NORBERT: Das Setzen von Zielen. Primäre Aufgabe der Unternehmensleitung, in: *Zeitschrift für Betriebswirtschaft, 41. Jg., 1971, Nr. 10*, S. 650 f.

43 SIEGERT, WERNER: Ziele erreichen mit guter Zusammenarbeit, 5. Auflage. Stuttgart, 1992, S. 25 ff.

44 HUMBLE, JOHN: *Praxis des Management by Objectives*. München, 1972, S. 18 ff.

45 KNICKER, T./GREMMERS, U.: Das Rüstzeug für zielorientiertes Führen, in: *Harvardmanager 1/90*, S. 68.

46 BRAMBACH, HARRY: *Zielorientierte Führung. Management by Objectives*

und seine Problematik. Stuttgart, 1975, vgl. S. 39—57.

47 ODIORNE, GEORGE S.: *Management by Objectives.* München, 1980, vgl. S. 133—168.

48 FERGUSON, JAN, R. G.: *Management by Objectives in Deutschland.* Frankfurt/New York, 1973, vgl. S. 51—53.

49 LATTMANN, CHARLES: *Führung durch Zielsetzung.* Bern/Stuttgart, 1977, vgl. S. 39—42.

50 ODIORNE, GEORGE S.: a.a.O., 1980, vgl. S. 169—180.

51 FERGUSON, JAN R. G.: a.a.O., 1973, S. 20.

52 IMAI, MASAAKI: *Kaizen. Der Schlüssel zum Erfolg der Japaner im Wettbewerb.* München, 1991, vgl. S. 159—177.

53 LIKERT, RENSIS: *New patterns of Management.* New York, 1961, vgl. S. 97—118.

54 WATZLAWIK, P./BEAVIN, J. H./JACKSON, D. D.: *Menschliche Kommunikation*, 4. Auflage. Bern/Stuttgart/Wien, 1974, vgl. insbesondere S. 50—71.

55 SCHULZ V. THUN, F.: *Miteinander reden: Störungen und Klärungen.* Reinbek, 1981, vgl. insbesondere S. 23—43.

56 RAUTENBERG, W./ROGOLL, R.: *Werde, der du werden kannst.* Freiburg/Basel/Wien, 1981, vgl. S. 173—180.

57 SCHLEGEL, L.: *Handwörterbuch der Transaktionsanalyse.* Freiburg/Basel/Wien, 1993, vgl. S. 101—106.

58 BAY, ROLF, H.: *Erfolgreiche Gespräche durch aktives Zuhören.* Ehningen, 1988.

59 BAY, ROLF, H.: *Aktives Zuhören, (Erfolgs-Cassette Nr. 43)*, Ehningen, 1993.

60 BAY, ROLF H.: a.a.O., 1988, vgl. insbesondere S. 60—98.

61 BATAILLARD, VICTOR, *Pinwand-Moderations-Technik.* Zürich, 1984.

62 BÖNING, UWE: *Moderieren mit System.* Wiesbaden, 1991, vgl. Seiten 113—126.

63 KLEBERT, K./SCHRADER, E./STRAUB, W. G.: *Kurz-Moderation*, 1. Auflage. Hamburg, 1985, vgl. S. 117—156.

64 SCHNELLE, EBERHARD: *Metaplan-Gesprächstechnik. Kommunikationswerkzeug für die Gruppenarbeit.* Metaplan-Reihe, Heft 2, Quickborn, o.J.

65 GOOSSENS, FRANZ: *Konferenz - Verhandlung - Meeting.* München, 1988.

66 MACKENZIE, R. ALEC: *Die Zeitfalle*, 5. Auflage. Heidelberg, 1981, Seite 121.

67 SIEGERT, WERNER: Fast alle klagen über zu lange und zu unergiebige Sitzungen, in: *Blick durch die Wirtschaft, 23.8.1991.*

68 HEIGL-EVERS, ANNELISE: *Gruppendynamik.* Göttingen, 1973.

69 SBANDI, PIO: *Gruppenpsychologie. Einführung in die Wirklichkeit der Gruppendynamik aus sozial-psychologischer Sicht.* München, 1975.

70 SCHNEIDER, H.-D.: *Kleingruppenforschung*, Stuttgart, 1975.

71 KIRSCH, WERNER: a.a.O., 1991, vgl. S. 212—227.

72 PFEIFFER, WERNER/WEIß, ENNO: a.a.O., 1992, vgl. S. 204 ff.

73 MANN, RUDOLF: *Praxis des strategischen Controlling*, 4. Auflage. Landsberg/Lech, 1987.

74 BDU e.V. (Hrsg.): *Controlling: ein Instrument zur ergebnisorientierten Unternehmenssteuerung und langfristigen Existenzsicherung*, 2. Auflage. Berlin, 1990, vgl. S. 11—34.

75 MADAUSS, BERND J.: *Handbuch Projektmanagement*, 4. Auflage. Stuttgart, 1991, vgl. S. 165—234.

Stichwortverzeichnis